浣月集

——骈邑居士格律诗词选

周海洋 著

中国言实出版社

图书在版编目 (CIP) 数据

浣月集：骈邑居士格律诗词选 / 周海洋著 . -- 北京：中国言实出版社，2018.9

ISBN 978-7-5171-2906-6

Ⅰ．①浣… Ⅱ．①周… Ⅲ．①诗词—作品集—中国—当代 Ⅳ．① I227

中国版本图书馆 CIP 数据核字 (2018) 第 197453 号

责任编辑：郭江妮　代青霞
责任校对：崔文婷
出版统筹：史会美
责任印制：佟贵兆
封面设计：山水悟道

出版发行　中国言实出版社
地　　址　北京市朝阳区北苑路 180 号加利大厦 5 号楼 105 室
　　　　　邮　编：100101
　　　　　编辑部：北京市海淀区北太平庄路甲 1 号
　　　　　邮　编：100088
　　　　　电　话：64924853（总编室）　64924716（发行部）
　　　　　网　址：www.zgyscbs.cn
　　　　　E-mail：zgyscbs@263.net
经　　销　新华书店
印　　刷　廊坊市博林印务有限公司
版　　次　2018 年 12 月第 1 版　2018 年 12 月第 1 次印刷
规　　格　710 毫米 × 1000 毫米　1/32　7.5 印张
字　　数　240 千字
定　　价　52.00 元　ISBN 978-7-5171-2906-6

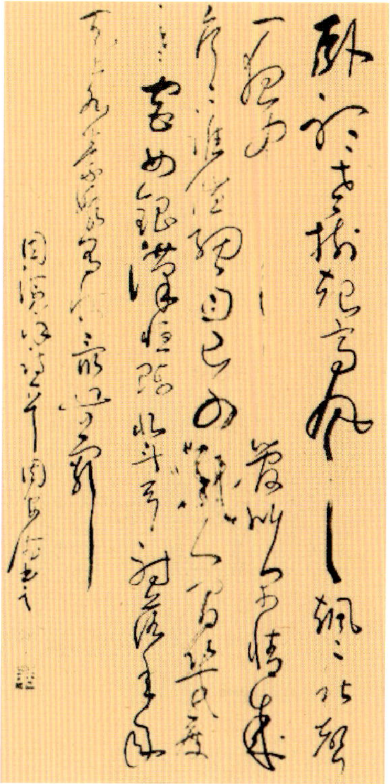

诗：周海洋　书法：周安德

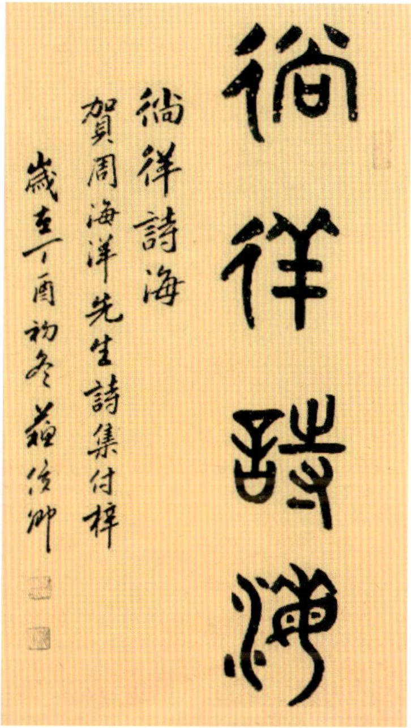

题字：苏俊卿

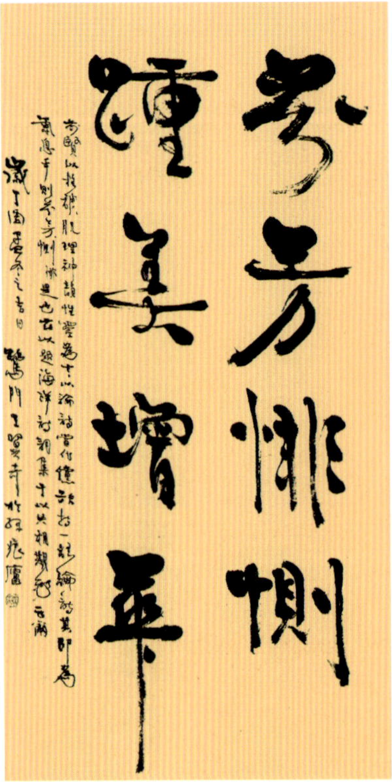

题字：王翼奇

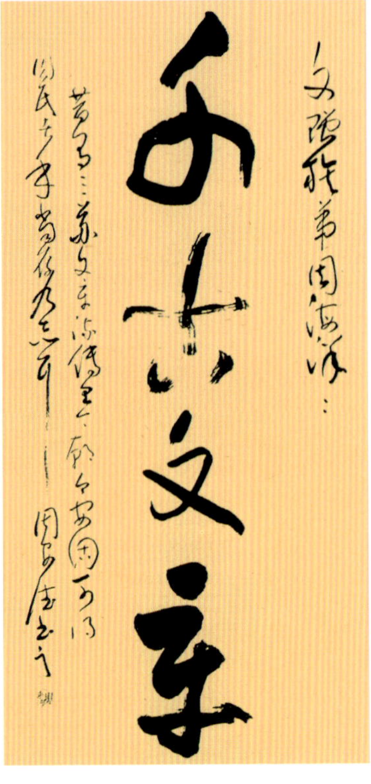

题字：周安德

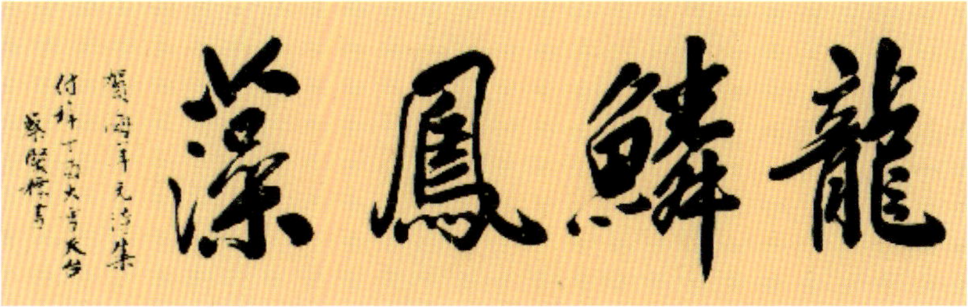

题字：蔡贤标

题字：王耀东

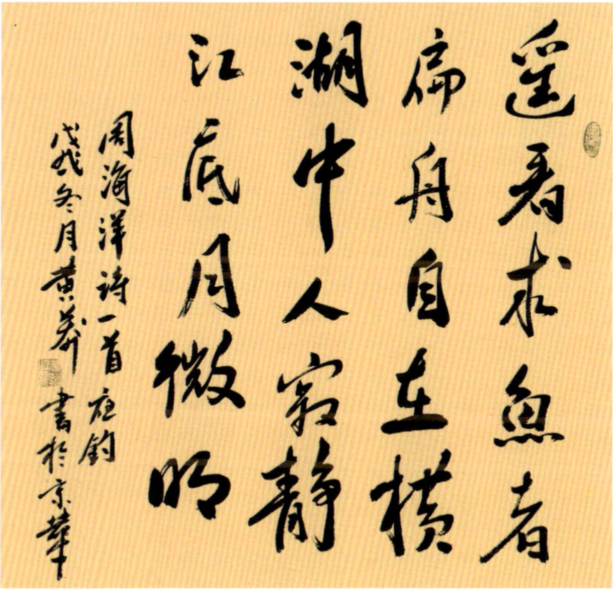

诗：周海洋　书法：黄莽

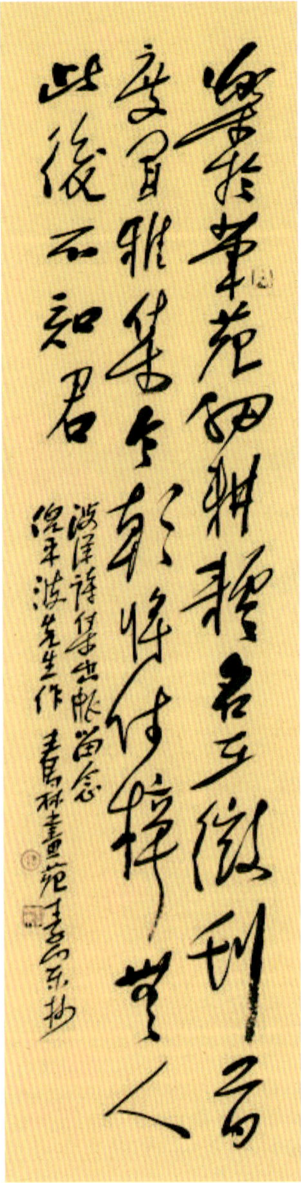

诗：倪平波　书法：李向东

题字：李文朝

诗友与作者合影

文学创作基地

郑板桥纪念馆

赫哲民俗館

三汊口

MODE
ART
NEW STYLE

序一

海洋弟之格律诗词《浣月集——骈邑居士格律诗词选》行将出版，三番托吾作序。因俗务缠身，难以静心，故而一直未作回复。

实话实说，吾近年来推脱了不少同道诗友之恳求。原因很简单：托人作序者，皆愿听赞誉之辞，而吾向来“认诗不认人”，唯恐扫了雅兴；若碍于友情，闭着眼睛吹捧，则书成之日更惹人笑话！往往应付性为其人题一首贺诗，应酬了之。

但海洋弟之托却不能推辞，因为当今之世，潜心于格律诗词学习与创作的青年人太少了！历经千年，格律诗词这一华夏国粹正是依靠一代又一代诸如海洋弟这般有志者默默耕耘而得以传承与发展。吾与海洋弟相交时间不算太长，但他对格律诗词之执着与创作热情时常令吾感佩。他的诗词作品多是有感而发，虽深浅不一，却见心、见性、见情怀……

诗集名曰“浣月”，即浣（于）月。含义应是“在月光下洗涤”。洗涤什么？记得台北故宫博物院有幅《五代人浣月图轴》，画中明月皎洁，高挂天际。奇石上盘踞着蟠螭，正低伏泻水，池中波纹荡漾。一位盛装妇人，手捧明珠，欠身欲取水涤珠。而吾深信，海洋弟之“浣月”是洗心！

细读《浣月集——骈邑居士格律诗词选》，其中与“月”相关之作品颇多，例《秋月》《对月》《醉月》《望月》等，无不是借月抒怀。或忧愁之怀，或欢快之怀，或飘逸之怀，或沉重之怀，字句间屡屡可见家国之情怀。历代诗词大家也多留有与月相关之作品：东坡之“但愿人长久，千里共婵娟”，青莲之“人生得意须尽欢，莫使金樽空对月”，野老之“露从今夜白，月是故乡明”，李贺之“大漠沙如雪，燕山月似钩”，樊川之“二十四桥明月夜，玉人何处教吹箫”，姜白石之“二十四桥仍在，波心荡、冷月无声”，李易安之“雁字回时，月满西楼”，武穆之“三十功名尘与土，八千里路云和月”虽情怀有别，但各得其味，各得其神。

海洋弟祖籍山东，寓居于京城，整日为事业而打拼，难免身心疲惫、心力憔悴。为使自己不沉沦于物欲浊流之中，他在夜阑人静之时，“以月洗心”何尝不是一种积极之自我调整方式！如此雅趣与真趣相融，丹心与皎月相通。传统文人无不是借此方式追求思想上、人格上之宁静与高洁。

《浣月集——骈邑居士格律诗词选》之付梓，可喜可贺。韵海无涯，衷心希望在格律诗词的创作与传承上能涌现出更多耐得住清寒与寂寞之青年一代，只有这些充满“文化自信”之青年人才能将传统与时代相结合，谱写出赏心悦目之乐章！只有他们扎根于传统文化之土壤，才会有中华诗词真正复兴的一天！

落日长河

丁酉冬夜于长沙岳麓山

序二

唯今岁秋月，受命于骈邑周兄，为其《浣月集——骈邑居士格律诗词选》撰序题跋 。自惭才弱无闻，不敢弄斧，俗务缠身，时不多与，遂自告笔力寡弱，恐乖所望。而周兄许我知音，竟不允许。昔逸少道遇佳鹅，辞金作字；陈琳初参幕府，援笔草檄。吾虽不才，敢不竭诚以报知己乎?

周兄讳海洋，号骈邑居士，奉职京城。春秋三十有二，博洽多闻，勤耕力学。闲时以诗咏自怡。周兄之为诗也，无不才思泉涌，腹稿先成，援笔之间，辞章立就。他人之以为难赋陈者，周兄竟不为意。

夫诗运隆替，风骚并御。汉唐之间，才子竞出，篇什臻至，实千载之大观也。吾与周兄相识以来，吟咏不辍。师友欢宴，草虫宵征，皆入其文，旨趣深远。周兄之诗，条畅而词赅，言近而慨深。明白刻画，诙谐谈论。观其所作，锋芒不露，随性而发，温温君子乎！盖周兄为诗，服膺儒教，以敦叙人伦、补益风俗为任。吾尝折于周兄“春夏千回归白浪，故人一去美风筝”之句，赞其蘸今濡古，不避藻汇，有通然天成之妙。《浣月集——骈邑居士格律诗词选》中大抵此类，其为周兄勤学笃行，古为今用乎？周兄之居骈邑也，岂非地形灵秀，而人物能尽出此间？

余与周兄初识于网络，微信互通，周兄许吾青眼。每命笔辄赐余瞻望。虽未尝一晤，何啻故友。自周兄属余作序之时，已逾月余。迟滞之期再三，愆期之罪实大。今书寄兄长，兼贺付梓。双鱼后至，或迟尾生之约；千金完封，终孚季布之信。余敢献丑技，面惭耳热，不知所云。

容膝斋主人董泓贤

目录
Content

卷　三
五言律诗

卷　四
七言律诗

卷 五
曲 词

卷　六
五言排律

卷　七
骈　文

卷　一
五言绝句

致老师

饱蘸千秋墨，勤浇嫩嫩苗。
弯身成月后，万亩竹萧萧。

眼

昨夜横波水，今成细涌泉。
不知心底事，流在几人前？

解暑

只着天衣卧，松泉过耳闻。
不争鞋袜处，放任蚁成群。

夜钓

遥看求鱼者，扁舟自在横。
湖中人寂静，江底月微明。

湖钓

放眼平湖去，千波逐影关。
问鱼知我否，独钓一江闲。

送行

水阔连烟树，朦朦一色中。
才将人远送，再向石桥东。

雨竹

细竹些微雨，温柔两处生。
黄昏藏伞下，脉脉浅光横。

蜜蜂

五彩轻衫客，偷香不作声。
心思相赠后，甜蜜返家行。

海棠

开在春浓处，盈盈绿水前。
人来香满赠，客去自悠然。

清明雨

轻沾羽雀肩，飞入细流年。
化作垂丝幕，同人立客船。

沾香

寒食梨花树，幽幽小院开。
穿枝青鸟故，香洒百家台。

春鸟

躲入春风里，闻香几欲羞。
繁花匀两翅，载与故人收。

夜桃

声声催客起，梦里角弓号。
信步桥东路，来怜陌上桃。

鱼悲

浮游随浩渺，吞吐满冰寒。
鳞甲周身固，难逃一竹竿。

赠别

新春应暂驻，细雨正别离。
君为天涯客，乡烟饮尽时。

刘伯温故里听竹

诚意君何在？南田竹影萧。
逢人多壮语，飒飒忆明朝。

卷　二
七言绝句

夏云

万古烟云一望真，沉名起鹤渺凡尘。
高台立久寻形去，散淡心同复几人。

玄武湖一游

欲枕城墙泛后湖，荷香十里歇轻凫。
六朝渐去留多少，一片风光忆古儒。

夜游秦淮河

身随画舫曲中游，月照新堤水自流。
懒顾商家千百处，遥思八艳立桥头。

赠别景阳兄边义兄

昨与金秋入小城，增辉骈邑践前盟。
深深弥水随君去，点滴俱是歃血情。

捡银杏叶

忍顾行人扇底过，青黄漫拾问双梭。
枯荣设若由天地，放眼茫茫物我何？

秋月（一）

秋起人间露最圆，珠珠映月散平川。
半轮已是乡思苦，旷野何须又万千！

秋月（二）

夜色浑添百事空，素娥遥挂惹吟翁。
勾愁四处临秋水，最恐盈盈入酒盅。

秋月（三）

冷桂无声占半圆，徐开秋意洒人前。
寻幽再借高楼径，两处孤高印万川。

月下独酌

酒遇流年寸许刀，穿肠入骨醉淘淘。
素娥来去应如是，饮者同愁共举高。

湖边

落红颜色几时收，龙女何当共水柔。
送信遥遥鱼未返，幽人一立两清秋。

秋夜

散雨归秋白露凝，寒光微敛月初兴。
高楼依旧闲临水，多少东流问客曾？

赠诗友淡泊孙女

玉兔遗谁自入尘，生成伶俐小垂纶。
明珠始弄千文字，掌上应多墨迹人。

秋蝉

柳动寒蝉断续声，秋深叶落许身轻。
劝君莫近催肠断，唤作离愁此曲名。

岸柳

垂手相迎燕子来，秋归漠漠挂楼台。
逢人总有柔枝赠，赚下春秋又一回。

柳下望月

信步寒庭对月宫，两厢柳桂各临风。
孤身但恐居高久，无趣梢头又水中。

酒（一）

半生莫敢试金波，杯里清欢梦语多。
诸事光阴流水去，如今常醉却因何？

酒（二）

凝魄寒光物若何，灼心欲罢却贪多。
杯中自古穿肠药，最恐相思细细磨。

知秋

夜露无声伴客眠，晨收旷野玉三千。
多情不解秋来早，唯见清凉欲满天。

浅夜

夜入新秋满院风，卧听锦瑟过梧桐。
人间不胜萧郎曲，几度温柔似梦中。

落雨

西风带雨浅秋归，远似多情近却非。
多少红尘随逝水，清欢一阵渐成微！

观雨

雨落京城始入秋，斜丝银线钓人钩。
窗边簌簌皆香饵，多少幽情已在喉。

秋林

林径幽深影复光，短衣忽入浅溪旁。
人间秋起浑无绪，只怕寒蝉饮露凉。

何求

欲辩还休任雅韶，西窗夜半雨潇潇。
求凰暂寄梧桐事，却似三千逝水遥。

题李鑫老师《醉梅图》

微醉还家种墨梅，承仙玉骨下琼台。
腹中满是陈年酒，尽做枝头玉蕊开。

云情

风穿雁入怎成双，尽化浮云水一腔？
若问余生何所愿，痴情泻下满平江。

七星湖

柔草蜻蜓颤颤扶，水围连栈绕菖蒲。
几排鸿雁分云项，一阵清风入客躯。

乘荫

一马行川眼欲迷，徐徐两影入林西。
光阴偷取三分半，静立空空对四蹄。

听曲

断续微声渐入怀，马头琴曲在天涯。
不知谁似今宵月，寂寥心胸洒满街。

观雁

北雁争鸣布阵来，戎衣铁翅入云裁。
人形一字随风变，莫有旌旗在将台？

水

昨借三千下九霄，今携百楫去迢迢。
生来四处干戈意，误了清闺约束腰。

老友

日暮平桥待老牛，时光散漫水微流。
问君记否村前路，驮我奔行避雨稠。

炊烟

燕过三千百姓家，剪开薄暮引烟纱。
飞身径自投檐去，争道香从住处赊？

望星

霄汉偏怀入水心，风吹鱼咬碎波金。
群星已做宓妃客，洒遍粼光满路浔。

雨夜

小城一夜雨敲窗，谁惹幽人对影双。
洗去三生纠绊未？冰心似水满平江。

答雨问

雨带忧愁点点来，几时应诺聘良媒？
书生手握千山意，哪敢丝毫换帛财？

问雨

冀北千山落雨中，开窗润手正相逢。
何时岭下新栽竹，也舞银丝到院东？

喂鱼

池鱼最爱洒星人，手握清香立水滨。
多少闲情生水晕，解开片片小桃唇。

钓鱼

欲请玄机至野家，银丝青竹聘平沙。
湖边半日相凝坐，染尽闲情告晚霞。

独坐

银汉空蒙各属谁，三千院落掌灯随。
素娥玉府归何处，欲驾青云永夜追。

草原晚风

牧野和风入帐低，草波围散日偏西。
牛羊更在天穹外，可愿寻踪劝四蹄？

细雨

邻家细女绣花针，竖浅横斜夜至晨。
唯待明朝油伞下，恐沾丝线惹天真。

遇雨

商羊思绪最无端，撩弄斜愁百万般。
却道清凉吾本意，多情儿女莫凭栏。

望月

欲饮琼浆入月眠，荧光一片醉人先。
梢头脉脉明珠挂，百转堪求永在前。

山风

风叩山居四壁钻，翻书识墨似相欢。
欲攀知己消长夜，回首空无却剩寒。

院外牵牛花

雨后牵牛次第花，似通音律对农家。
风琴数朵篱墙外，人问还羞掩面斜。

盆景

手底盆栽远嶂同，厮磨半日忘言中。
遥知岭上真时节，报信枝头一点红。

秋菊

满城风瑟卷黄花，金甲英雄渐已奢。
零落香肌合露起，秋归处处有芳华。

雨中行

雨中不辨来时路，撑起朦胧一伞纱。
徐步桥幽听落水，似将锦瑟架天涯。

雨后摇竹

细雨晶莹满竹身，轻盈润物化圆珍。
晚风欲借销魂手，摇落清凉送路人。

望云

我望浮云似故人，飘来荡去远红尘。
浮云望我应如是，一介逍遥散淡身。

云

一阵风行鸟绝尘，青山飒飒近家邻。
满村却似飞花去，几个抬头点数人。

月行

玉露盈盈挂树梢，谁遗瑰宝费猜敲。
人行亦往肩头去，只道侬家怕夜郊。

月语

不舍杯中玉液名，素娥愿否饮长鲸？
亭台独唱东坡调，惹下银光一片情。

雨夜有寄

一夜惊雷雨幕迟，墨云遮月似难离。
新栽红豆开窗盼，点滴相思润物时。

雨夜

万点清流下碧霄，谁将琴瑟弄潇潇？
掌灯又怕幽人去，疑是天宫乐女娇。

竹语

谁解沙沙竹语声，春秋满腹是峥嵘。
随君截取三千段，一节心中一至诚。

烈日荷塘

游鱼伞下觅清凉，不解荷花出水香。
脚底分明泥泞似，一竿挺立却昂昂。

田边荷塘

婷立河边碧水村，迎风洗月岁无痕。
一腔清气连春夏，不叫人知脚下浑。

饮茶

竹竿斜立钓钩无，盈手青杯似广湖。
烟气升腾临碧水，呷来一口再何需？

荷珠

荷叶心开绿伞蓬，蜻蜓稍坐又随风。
惹来珠泪生闲怨，君似归家半日翁。

月影

书翻半页见墙花，弯月携梅透薄纱。
提笔添来人一个，清香水墨挂吾家。

听曲

独醉深山夜曲中，声传三里一鸣虫。
人生大道当如此，不计身微势不穷。

知音

半日云深忘抚筝，黄莺树上弄琴声。
君应知我高山意，我亦知君曲水情。

知心

湖中三尺月深深，同是清寒似玉心。
不计灵霄千里远，微波一片总相寻。

饮酒

岁月无声到院台，合身偷入手中杯。
旅人饮下方知晚，一夜乡思化梦来。

追风

几缕清凉奏树琴，一枝一叶满乡音。
欲听长调风无影，径往河边月下寻。

望月（一）

钩玉谁连挂碧空？青丝定系远家中。
两边凝望分千里，一半乡愁在夜穹。

望月（二）

广寒夜半挑华灯，也有闲愁入梦曾？
欲借青云闺府去，不知相见怎相称。

归鸦

河边立影对昏鸦，桥下尘嚣树上家。
飞鸟还知循日返，游人依旧在天涯。

村童

三丈枝头一雀高，童心起处势难逃。
柔声细劝交知己，扑旋飞无剩号啕。

夜行（一）

山下行人月上娇，枝头明镜手中绡。
何须细问深行处，侬在肩头三尺遥。

夜行（二）

织星无处洒凄凉，便向行人诉夜长。
过客不知千古事，唯将步步化清霜。

问月

窗含半月晚留春，遥看归舟野渡津。
欲问来时花落否，清风一缕掩朱唇。

残樱

一半盈盈一半飞，行人来处脚轻微。
低头不舍抬头爱，拾满双兜向落晖。

樱花

醉在春风绿柳堤，三三两两淡黄鹂。
闻香皆是顽皮客，先向东飞再向西。

盆景之云恋幽谷

幽人去处古萝藤，次第青云又几层。
怕有俗人叨扰故，搬来玉瀑作飞凌。

盆景之空谷传声

青鸟飞无入嶂云，唤归西母似相闻。
言明险径深何许，愿作幽王探看勤。

流苏

一挂娇柔雾霭同，凭君情话更朦胧。
不知敢否为家客，应誓旋成白首翁。

黄埠店桃花（一）

片片桃鬟笑我穷，不携美酒一杯空。
摘花莫怪销魂手，春酿天成记汝功。

黄埠店桃花（二）

连天红幕假还真，行在垄畴忘己身。
偷取桃枝心底藏，明年来做种花人。

细雨落花

归牛细雨伞遮身，中有黄童露绛唇。
村畔淋漓花落处，何时青杏解馋人？

香椿

山樵日晚下坡东，有酒何肴可入盅？
陌上一株香物在，今宵又立醉醺功！

水中花

碧水春桃岁月羞，斜枝浅岸两温柔。
湖鱼腮鬓绯红印，缘是花浓一朵游。

院竹

静院墙东四五竿，幽人立处两清欢。
君知多少人间事，细语沙沙对玉盘。

蜜蜂（一）

雨后山梨在晚晴，摇枝唤住雀啼声。
飞顽莫扰心中爱，花下嗡嗡借伞兵。

蜜蜂（二）

何时春雨洗梨花，采蜜飞翁去汝家。
不费炊烟新煮酒，只须一朵白如纱。

梨花

薄名本是分离意，君既倾心应早知。
白雪身姿山涧水，随流勿念赠青枝。

清明落花

春寒漠漠入人家，细雨清明染落花。
思绪不知谁捡起，明朝一树是新葩。

凉风

凉风夜半访人来，却恨施生睡案台。
兀自翻书当墨客，不知水浒几多回。

清明正反诗

山村冷透雨沾人，闲等牛铃解晚春。
远去花乡思鸟雀，顽童指酒问轻尘。

归雁

桥东四月归飞客，岸柳稍羞碧玉裙。
只待高郎枝上过，乘风共赴九霄云。

月（一）

一夜西风冷客舟，轻杆瘦老醉乡忧。
家关浩月如同此，不费喃喃向玉钩。

月（二）

乡关日暮此时同，一处明清两处空。
梦里独行孤寂客，倚门遥望是家翁。

怀秋

顾影相怜衣渐瘦，薄霜细步任无眠。
何须相问江湖道，秋雨秋风入客船。

独坐

残阳如血西归雁，小径楼台客影单。
欲借凉风吹碧树，怕惊雏鸟坐栏杆。

雨夜

小月吴钩轻佩剑，薄风拂夜问江湖。
何人笑我难茹酒，细雨千丝尽所需。

村中细雨

晚风日下街前树，红伞石桥陌上苔。
又是一年梨带雨，村童暮牛踏沙回。

望月兴叹

伐桂吴刚应恨生，仙娥傲骨自亏盈。
人间已是相思苦，银汉何须爱恨轻。

临水

湖映双轮酒一坛，千山浮影更催寒。
中秋醉了无眠客，又去谁家挂玉盘？

识香

谁惹秋浓过月台，霜花夜夜对人开。
识香多少穿肠客，采下方知本不该。

夜雨

夜起帘风问所愁，金波与客几时休？
窗前雨似萧妃手，万古尘嚣点作秋。

问师

我志腾云志未伸，龙门许下事鸿钧。
诗仙若有收徒意，敢做蓬莱过海人。

对窗花

夜来幽梦返村家，晨起窗山一径斜。
痕迹无踪寻镜里，鬓霜也去垒冰花。

思乡

欲寄归心月影来，山村浩渺挂瑶台。
琼枝最似家乡物，踏夜登高数腊梅。

伏羲女娲图

人皆大衍数中含，一点虚无万物探。
帝女心思黄土里，阴阳称道段为三。

观月

当空玉镜印朱楼，倩影推移客莫愁。
问过寒鸦知路远，千山行遍始方休。

卷　三
五言律诗

山行

野旷呼飞鸟，风云失我前。
怀开冬复举，鬓老雪徐煎。
隐迹同林没，空山数叶旋。
回看行路上，独剩一流年。

日出

晨生一抹红，万物染江风。
昏晓催无极，天人隔有穷。
青烟徐漫起，紫电已飞冲。
欲暖争何急，神州处处同。

登东极塔望江东

入目层云叠，江屯或亦秋。
羡风吹两岸，剩我望孤舟。
倥偬人皆去，苍茫水自流。
临疆东极塔，故地怎相求。

中秋望月

上阙知佳节，华光耀九州。
风承衣白露，月入旷金秋。
念远寒宫兔，当如万嶂眸。
君看天下事，聚散几时休？

感雨

渐晚知秋事，斜风带雨来。
千山归薄雾，一水下楼台。
明月今宵没，幽人自此哀。
若无离散苦，何味入胸怀？

白石山中

千堆云起处，曲径意通何？
野雀时钻涧，仙人自晒靴。
应闻花正好，莫叹影如梭。
玉顶登临后，豪情剩几多？

临湖

不觉知风劲，临湖御薄衣。
柳离斜岸影，水远漫天围。
谁解初秋意，无关落日晖。
唯听鸣叶曲，飒飒欲将飞。

登山（一）

引客浮云淡，山人似有无。
循声登鹿柴，酌味觅松壶。
回首千峰隐，登仙一径铺。
若寻踪迹未，散在九天枢。

登山（二）

身放幽林境，浮云入隙来。
草青留水响，空碧送声回。
世事随风尽，心思逐步开。
山家鸣翠鸟，引路不须追。

登山（三）

昨夜西风紧，离时约北岗。
山岚盈曲路，湖韵隐青苍。
幽处何人所，茅庐野鹤乡。
悠然居半日，伸手纳微凉。

咏物

育物终无悔，遥观是莫邪。
婷盈如国色，傲立定邦家。
欲聘羞红韵，思求覆薄纱。
水中超俗物，盛世白莲花。

浅梦

如此青山里，还添静谧人。
兰衣名湛露，莲步曰无尘。
试入云深径，相期水阔滨。
我怜良夜短，不似梦中真。

送别

村畔蜿蜒路，谁家立晚风？
归来时日浅，送去目光穷。
借羽登山阙，招星入酒盅。
无言离最苦，父母世间同？

蝉

腹满隆冬雪，身尝三尺寒。
春泥徐入梦，夏月浅修冠。
艺曲红尘酿，双绫玉露攒。
得名知了者，世事几多欢？

飞鸿

霞里飞鸿渺，天涯尽入胸。
丹心生雾岭，双翅驾松峰。
欲伴云阶鹤，情牵玉府龙。
朝为登障客，暮向九霄逢。

竹志

三五幽人立，婆娑舞院墙。
怆然摇月影，古意酌风芒。
漫煮春秋色，轻披雨雪裳。
何时持剑叶，还上九霄旁。

渔夫

欲借青青竹，消忧宝镜湖。
几竿抛乱绪，半日解闲躯。
碧水何相问，游鱼岂所需。
唯求时暂缓，不教过渔夫。

蛙鸣

仲夏窗前外，池边几闹蛙。
星疏连锦幕，月半拢丝纱。
俗事飞霄汉，微光入我家。
声声回响处，来饮碗中茶？

青蛙扑月

小池明月镜，院落显清微。
风拂仙盘皱，蛙思玉饼肥。
扑来如水散，未咬已身飞？
又挂云天处，声声只恨归。

蛙友

微澜声入梦，似唤故乡人。
喜为归家客，惊来寄旅身。
青蛙游子久，夜曲性情真。
共在天涯路，开窗做近邻。

听蛙

初鸣池鼎沸，再引一群欢。
入耳微风醉，沾怀岁月宽。
何人窗下语，王子曲中观。
遥忆村乡故，声声在夜阑。

送行

君携山色去，满载一湖中。
酌酒烟波里，吟风水月东。
千般成故友，万物结新翁。
莫怕舟行远，知音处处同。

彼岸樱花

村后花开未，游园万绪中。
殷红如旧貌，韵白染家风。
拭眼归来客，交心远去鸿。
株株樱彼岸，宛在故乡同。

雨樱

盈盈沾雨意，风过惹人怜。
玉瓣红尘酿，清心岁月涎。
徐沾行蚁路，又去钓翁船。
若问轻浮故，皆因紫杜鹃。

蜜蜂

学做游人样，闻花怯怯尝。
清甜河白杏，浓郁海红棠。
问尔偷心贼，言吾授粉郎。
枝枝摇手待，展翅向群芳。

寻香杏花林

徐行香满面，路转杏花颦，
一树临桥畔，千枝压岸津。
远时浓馥郁，近却淡清醇。
细问谁家女，娇羞不应人。

春雀

振翅河塘过，悠然一霎中。
偷衔花影手，再赚水波瞳。
欲向春娥好，还须雀姐功。
君乘千里马，随我入东风。

清明遇雨

徐步清明路，长桥共晚霞。
苔痕连芷岸，细雨入平沙。
默默寻归处，悠悠赴酒家。
一杯人已透，醉眼数飞花。

稚子垂钓

误入山村里，嗔春已漫澜。
来询乡叟路，却见稚儿竿。
远远虚声噤，惦惦屏气观。
缘何无钓线？鱼画在沙滩！

稚子描月

稚子挥毫戏，皆如上阵娃。
勾描成满月，颤笔作枝丫。
喜喜邀师老，惊惊问莫邪。
缘何多点点？烧饼洒芝麻！

暖春游园

疑是仙家醉，描成世外春。
三团为杏府，一片做桃津。
倚树相为伴，闻香愿比邻。
明年还到此，定做种花人。

桃林饮酒

我有壶中酒，邀来片片春。
桃鬟为上客，杏女作佳宾。
饮下嫣红影，瘫成姹紫身。
东西南北树，一醉共诗人。

赏桃花

桥东风渐暖，粉黛醉如酥。
客兴诗千首，春浓酒一壶。
夭夭红韵朵，倩倩美娇姝。
我有黄金屋，邀卿愿往乎？

春分过山村

稚子忙飞线，分开二月天。
桥东花满树，泉北柳垂肩。
客问春何处，人言路两边。
经村行复马，一骑画中穿。

春分客游

斜阳烟树底，立马晚村头。
紫燕归溪柳，青牛卧垄畴。
轻沾温客酒，暂放故乡忧。
明月临春水，分开两处羞。

桃花行

扇底桃林路，人间四月风。
千红迎客老，百紫纳乡翁。
一杖云烟里，盈怀弱水东。
何枝堪入酒？已是醉醺中。

钓叟

斜阳蓑笠影，独钓满江风。
细线临清水，荷舟立晚空。
相邀鱼故友，共对月家翁。
一醉烟波里，红尘笑傲中。

插枝

偶将遗道绿，化作水中枝。
落叶须多日，青芽会有期。
含羞垂媚眼，舒嫩展娇姿。
不惧无颜色，春秋报我知。

观雪

帘外垂微雪，消忧入帝乡。
驾言平落日，戎马饮流觞。
曲水兰英暖，山阿蕙帐凉。
寓行千障里，来日化银霜。

人生

徒手来人世，虚求百物空。
华衣添幼小，锦瑟悼亡终。
爱意伤分别，权谋笑弱穷。
数年犹恨短，何事不随风？

寄无名英雄

江山如锦画，旭日共嶙峋。
国界三杯土，英雄百战身。
挥毫拼热血，埋骨化清尘。
华夏忠魂在，生来志虑纯。

日暮山水图

身随山岱远，缥缈起飞鸿。
落日归无际，红云似有中。
炊烟留过客，乡酒醉家翁。
青笛悠扬处，昏鸦卧北风。

登山

新晴登世外，百嶂入云浓。
眼望飞鸿远，身随细鸟踪。
花藤缠绿树，跳鼠抱青松。
我本山人骨，心回万里重。

咏荷

脚下九牢渊，昂头却向天。
出泥身似雪，入水骨犹坚。
一朵丹心立，三腔正气连。
池中非俗类，不惧浸淤泉。

双亲

岁岁思乡曲，游人马上愁。
家园情似水，故地月如钩。
四鬓寒霜驻，双亲寄语稠。
来时三五日，又盼一年头。

古寺

落叶归根后，江湖不问名。
疏篱闲夏夜，细雨漫中庭。
古寺依山矗，新灯伴月宁。
躬耕东岛外，礼卷洗心灵。

临风

道骨沾秋露，山风静月圆。
攀崖身似燕，挥剑影如仙。
野观青松映，寒庐白雪眠。
超然因鹤舞，惬意卧苍川。

秋登百旺山

放眼层林处，凭栏莫若秋。
红黄铺蜡岭，黛绿缀残馐。
曲径连山远，凉风入体留。
轻云天际外，侧耳鸟啾啾。

醉后

一饮千杯少，成仙俗事无。
音稀登浅月，影两对娇奴。
径自飘然远，家催脚下酥。
明朝楼榭顶，觅我宋唐躯。

相思

院外萧郎曲，宫深柳下春。
明珠投羽雀，薄翅载佳人。
恒古琴犹在，余生意所亲。
天河凝彼岸，夜夜是吾身。

望月

玉魄幽无极，昏堤客掩形。
携丝千万缕，入镜两零丁。
光拂河山动，风回夜月宁。
年年临望里，恨不照曾经。

卷　四
七言律诗

家乡望月

周家庄里夜阑珊，枕卧秋声嶂影漫。
风侣杯停归昨夜，虫鸣犬歇剩清欢。
无休梦起东篱望，有限人生北阙攒。
玉镜分明唯此只，何由故地最如盘？

山亭观落日

坐览平芜坠夕阳，临亭久已惯炎凉。
霞高恨不登梯去，松远犹思放眼量。
薄暮擒时山欲抹，金风拂后发皆狂。
一声轻啸随秋漫，唤起幽冥罩大荒。

落叶

风亭树影动人眸，百二黄飞瑟更幽。
尽处枝摇催客去，此时雀落倩谁留。
逢迎欲诉三春事，捡拾方知万嶂秋。
步下香魂连玉骨，几多哀怨几多柔。

泡黑豆

莫道红颜岁月侵，相思入骨到如今。
巫山毒在时时发，南国衣无默默吟。
纵染君身难忆旧，暂从夜魄可知心。
卿挥素手常捞抚，不使幽魂一颗沉。

吃饺子

半月身中至味藏，先随鼎沸后能香。
盘分络绎休装蒜，世亦唏嘘合入肠。
盛宴几多牛马鬼，浑家自始灶厅堂。
回甘捧腹卿还问，羡否人间太上皇？

得“标王”戏做

寅夜奔来逐利场，封条盼启却标王。
同根夺命刀犹嗜，一屋随缘恨且藏。
身外物何成国梦，舟中客早有儿郎。
熙熙谁可参今古，几世浮华共水长？

悼金庸先生

初入江湖君皎皎，江湖踏遍君成渺。
碧鸳入水影难收，白鹿逢秋天欲咬。
发剑如霜欲问何，人生似梦终眠了。
看弯弓射雕英雄，也作春秋江上老。

空城计

浩浩长天胆气横，门开鸡犬两无惊。
冰弦徐拨非藏拙，羽扇轻摇似隐兵。
一计终安三国事，空楼已阻几功名。
古今多少英雄过，犹叹当时惧此城。

登沂山

碑林漫入染苍茫，步忆登封十六皇。
聚散云烟归玉阁，飞流石瀑动山光。
人前依旧晴川媚，眼下犹多蜡草狂。
已御仙风堪自诩，高寒枕卧不能伤。

“便宜坊清心”好友雅聚

燕园飞客惯身孤，幸有高枝脚下扶。
去后云山三万里，归来魂梦九千壶。
银觥有尽言无尽，皓首时逾志不逾。
直对萧萧秋起处，弟兄一握话何须。

秋夜读三国

百万秋风掌下摇，捧中一卷胜春潮。
锦周郎若吞西蜀，铜雀台谁锁小乔。
对错书前黄菊酒，兴亡账里粉蛮腰。
今人枉叹英雄事，冷阵应同立此宵。

家乡挚友“意合园”雅聚送别有感

清风欲借赖高枝，嶂远雏鹰愿可期。
意合园幽温岁月，朐山路静剪秋丝。
漫嗟乡土常萦梦，且喜良朋总展眉。
九曲一辞能再会，飞腾日后话相知。

叶落

阅遍催情百万霜，飘零独怕杀人场。
萧萧落木心犹赤，飒飒流年泪泛黄。
几叶清魂分掌接，千秋浊世一沙藏。
眸中不尽飞愁去，欲问归时却断肠。

打油

烟云散尽现西桥，驴背归来曲在箫。
总叹台高怀似古，漫嗟风落意如潮。
红颜只合随天老，白发还须借尔消。
一转身经骈邑路，知音三五可招摇。

月下独酌

广袖招魂泻此秋，吾心倾尽岁能休？
催人老莫怜霜露，彻骨寒须卧酒楼。
月印万方唯不觉，杯融孤影总难留。
转身欲觅皆虚妄，案上新醅引入喉。

尧山望月

冰魄回回接此山，横斜玉桂信能攀。
红尘驿路依稀在，白发雄心次第还。
遁去胡如临绝顶，归来犹似卧仙班。
一廊九站氤氲事，尽作秋声合掌间。

与和风、青峰逸士等雅聚有得

马滑霜浓夜色沉，罗胸浩气倩谁擒。
拨云幸有和风手，现月时怀逸士吟。
望尽浮华知岁浅，抛将过客剩情深。
熙熙且自归天下，万嶂如杯酒是心。

重阳与董师春秋、静风三人聚饮

不插茱萸不羡高，重阳就菊话英豪。
入秋诸事杯中酒，忘岁三人笔下刀。
语有风雷惊落箸，世存皇叔敢为曹。
山河遥望天无际，愿借飞翎闯一遭。

高云

揖礼高云欲比肩，春秋惜我两忘年。
润花犹忆香浮动，化雨唯期韵漫延。
身惹吟翁登阁顶，意从飞雁赴君前。
敢嗟大得何能倚，冠上依稀字曰禅。

注：与董师春秋、景阳、边义、静风聚于“大得涮肉店”，恰董师帽上绣一“禅”字。

望摩天轮

玉魄光凝碧海心，摩天远望盼高临。
袖中风转楼轻换，极外眸归嶂渐沉。
我引姮娥居此老，鱼游影阁试湖深。
寒宫一卧知昏晓，上界人间两入襟。

劝酒

往复韶光假亦真，杯中杯外两重身。
成仙有未长鲸胆，作古非关俗世因。
月白情浓双揖手，花开叶落一沾唇。
转肠岂止销魂药，温煮方知岁可亲。

醒酒

月返霄随铁马无，沙场醉卧醒来孤。
欲寻宝剑追雄鬼，蓦见残羹压玉壶。
紫绶千秋空悱恻，黄粱一梦灌醍醐。
杯中又接瑶池水，再饮堪回昨夜乎。

夜坐独酌

月印平川一啸哀，千山浮影撞怀来。
弓悬夜落凝荒野，我举杯停对绛台。
绿蚁酌无天地老，愁丝散尽眼眉开。
云消复照嗟谁共，入梦卿卿第几回？

夜雨

院外凌幽皱墨池，灯前坐忘数飞丝。
无边雨色凭窗隔，满处风波入耳随。
聚载归舟诚可望，愁分夜客或相宜。
明朝欸乃声中愿，暂许今宵待展眉。

步韵董贤弟自题，并贺生辰

镜里烟华几十春，韶光入鬓恰非真。
三千越甲存胸臆，百万诗书压棘榛。
北阙浮游天地远，莱州耕卧四时亲。
无为海内伤怀事，幸有姮娥照故人。

夏登天门沟（一）

九站逶迤绕曲廊，天门漫越识尧王。
仙挥玉瀑临幽涧，夏弄轻阴捉绿光。
入掌云随身后雨，来生事结洞边桑。
瑶台幸有穿林鸟，锦瑟牵吾一径长。

夏登天门沟（二）

尧山驿客似无踪，独剩飞烟绕古松。
为向高台骑鹤渺，来寻秘境拨云浓。
天门隔袖才三尺，世事抛吾已万重。
枕卧轻阴归夏夜，仙娥隐处摘星从。

观雨

风缓城低独倚楼，层云望断念无休。
西山半掩天人近，玉线分飞草木幽。
且试轻丝翻复掌，应归旷野合抛愁。
江湖一入知多少，俗事纷纭逝水收。

悼熊老

路边拾句起苍茫，万里云图铁胆藏。
镣已成筋逢鬼诉，国非宁日使人伤。
念今影去周天阔，凭此魂教四海狂。
沅水惜君多壮语，横流一握气昂昂。

七夕望双星（一）

万古高台一袖风，天河望断渺无穷。
牵牛往复瑶池左，织女晨昏紫瀑东。
常使卿悲非世事，只关梦碎似孤鸿。
两相凝处归行缓，隔岸遥遥我亦同。

七夕望双星（二）

欲调锦瑟恸无声，浩浩双魂隔岸明。
月老丝难牵上命，天荒事且饮长鲸。
徐嗟玉断怜香久，总使人痴许诺轻。
万里遥如分咫尺，掌中纹去绛河横。

题南京友人“元兴红馆”茶社

武夷深处渺云烟，杯里清甘一脉牵。
漫酌凤团酬客梦，诚邀龙雾赴林泉。
新茶若饮当来此，斜月能亲可结缘。
雅聚还宜三五位，元兴红馆记流年。

夜登“杜甫江阁”览湘江

高阁登临气自舒，湘江遥去接清虚。
长沙掩尽龟龙事，两岸分开市野庐。
水逝难留功已昨，舟过无觅月还初。
欲凭一粟随沧海，此路沉浮万嶂徐。

夏感风寒有作

语带雷鸣五内焦，灵台未悟觉重霄。
人间路晃随缘倒，身后风多遇病浇。
欲理阴阳还哽咽，今观狼狈忒招摇。
医吾小恙犹三日，若拯山河又几朝。

游清晖园

射影窗闲水榭东，读云惊走坐兰虫。
芙蕖帐爱青鱼惬，蝴蝶裙羞墨客融。
天亦难留今亦少，人无常在景无穷。
惜阴屋下清晖里，百转还归一捧中。

注：清晖园为岭南四大名园之首，有读云轩、惜阴书屋等众多景点。

夜雨

何事千泷四处流，无边雨幕过层楼。
枝摇瑟瑟长安路，人向沙沙古渡头。
覆水难为山海动，风云易转渚烟休。
觉来岁月应如此，夜与悲凉一并收。

迎发小同游有感

涉野儿时每比肩，飞觥续梦已如烟。
而今子嫩称家叔，犹记荒唐笑那年。
四海吾形漂卅载，一村兄弟隔平川。
姮娥挥袖轻离合，漫道凡尘共此天。

登长城

横斜首尾隐难寻，是处浓云肆意侵。
万古风迷时客眼，新朝石垒老秦心。
唯余乌鹊飞峦嶂，不见苍天散郁阴。
遥指蒸腾关隘里，听无铁马玉龙吟。

贺竹韵北方成立

竹林卧久惜韶华，南北吟风属一家。
湘水逢秋闻壮语，松涛入夜饮平沙。
君携琴古谁堪和，吾垒台高曲愿赊。
浣月今题墙上墨，不教玉手拂红纱。

听《白狐》作

千年岁月付清修，一见相知始作囚。
狐尾易消情易许，人心难画爱难留。
山中阅久双飞客，世上偏多万古愁。
欲使精丹随夜散，直教君醒解温柔。

秋思

欲射高云少劲弓，徒观远影自西东。
几回块垒归尘土，依旧秋声起骤风。
念岁如斯黄落叶，嗟君怜否指飞鸿。
入眸何止天无际，冷暖沉浮处处同。

戊戌秋月赴冰城前作

已厌尘巫聒耳声，秋高恰适赴冰城。
拨云浅淡吾形往，阅世炎凉剑态更。
梦起松涛随雁阵，心存竹韵忆鸥盟。
今携白眼加诗酒，取舍凭君一手擎。

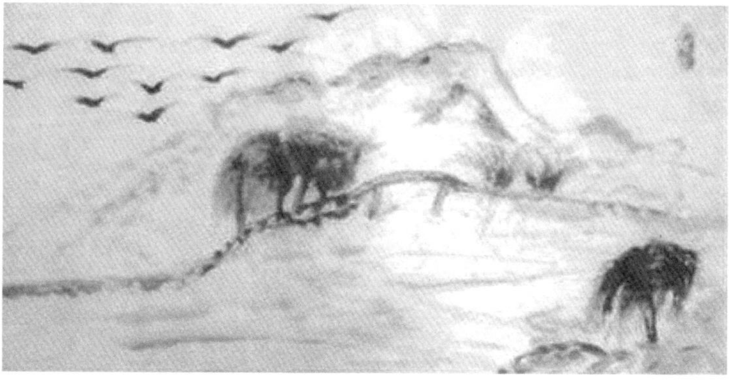

鸦聒

抱得丹心修楚竹，偶闻鸦噪间清风。
羽癫已弄霜纷乱，舌利犹搬箭不穷。
月入万川应守一，身经百障且求同。
江湖久遁何闲散，笑尔营营自许中。

望雁

孤鸿渐远许天涯，亦或无情恋别家。
院内幽幽兰不古，云中缈缈影成奢。
炎凉阅尽千山迫，离落终归一径斜。
秋色横空飞欲绝，合抛吾念剩烟霞。

望夜

湛露何多意马寻，唯观魅影挂冰心。
光寒似拢秋来事，夜漠皆归烛下吟。
纵有昏蛾身未死，再无昨日梦难擒。
凭窗欲佩吴钩远，一片幽冥四野沉。

游郑板桥潍县故居有语

动情枝叶在民间，得句之人泪已潸。
竹影难随风寂寂，雪花早作水潺潺。
愿赊泉下三杆笔，来画身前十座山。
君若今时君恨否，些些百姓可相关？

秋游十笏园

隐隐秋声十笏园，浮华望断几人论。
楼台转角依黄树，落叶随心过月门。
正叹莺飞时客老，忽闻鱼跃俗情翻。
荷前指点当年事，一阵清风袖底奔。

游青州李清照纪念馆有语

藕花歇处看渔舟，鹭远芳无又素秋。
漱玉犹含南北怨，双溪剩有古今愁。
难归赵府将何往，且念青州共我留。
见否吟哦湖畔女，卿卿可识那时柔。

贺落日长河《竹韵诗话》出版

“老夫”岂止守门人，剑竹清风似在身。
月下屠龙非佞种，梦中除恶是良臣。
捉刀几度炎凉去，行诊千回字句循。
方药今成犹带血，三更杜宇愧情真。

注：“老夫”指落日长河先生。其常自称为“老夫”。

移桂

信折蟾宫玉桂秧，分栽欲待一枝香。
凌云根入尘缘结，洗髓花开客袖藏。
世有清芬秋可缓，人怜丽质俗堪忘。
识卿只合闻风醉，此际凡夫莫断肠。

望月

万里长空酒在壶，高楼欲上却踟蹰。
蟾宫药少堪遗否，玉桂花浓愿赐乎？
每阅悲欢卿似我，总经圆缺泪成珠。
登临复驾烟云去，广袖抛来两不孤。

菊语

笑指西风剑忒柔，直应拂槛向雕楼。
黄金甲已霜浓甚，粉面人唯泪盛尤。
血透长天何所悔，身临百嶂亦无休。
萧萧落木三千里，谁共铮然立此秋？

抚琴

掐起飞烟挑断愁，勾来落水指间流。
三徽按处千般渺，一曲飘时万种幽。
吾抱琴眠嗟岁月，谁催梦醒共春秋。
分弦未敢临寒阙，恐惹情丝挂玉钩。

游潍坊“大英烟厂遗址公园”有感

翰史风云向小城，无边江月对人轻。
春秋濯手三千露，寒暑盈怀一百庚。
今始星火开歧路，共邀银汉饮长鲸。
何曾白浪东流尽，兀自烟楼印世名。

贺潍坊“文化产业公园”在建

百年风雨过烟楼，潍县长恒白浪流。
多少春秋归逝水，几千垒土起荒丘。
应思故国强民路，定把新城壮志酬。
盛景须邀英美客，山东处处尽方遒。

秋雨

卧听老树起高风，飒飒秋声夜色中。
管叫闲情成一片，谁催细雨已千泷？
人间几度寒宫曲，银汉恒陈北斗弓。
射落年年天上水，素娥有悔最无穷。

望秋

徐行绝顶意登楼，目送双莺入锦秋。
飞翅销魂归去路，浮云闲散引途牛。
人生不负时光浅，景色犹迷四季羞。
若问谁曾同揽胜，唐朝骚客宋王侯。

白云山怀古（一）

东去仙人似可寻，犹闻白鹤唱余音。
秦皇恨做须臾客，苍岭虚怀不老心。
岁月何曾饶一霎，浮云依旧到如今。
随君此界成千古，谁有飞翎载我襟？

白云山怀古（二）

悠悠千古九连横，一去仙翁万世名。
欲问菖蒲攀嶂远，恐惊白鹤步云轻。
修身莫若民间苦，延寿何如笔底声。
多少王侯归垒土，摩星岭上不须争。

注：此首获得白云山诗赛奖项。郑仙，即先秦方士郑安期，人称他为千岁翁。相传战国时期郑安期南下到广州，在白云山一带为百姓采药医病，救死扶伤，医治好了很多民众，深受老百姓的敬重。因采得九节菖蒲救活一热毒攻心濒危老人，秦始皇获悉，诏令采来进贡。安期不愿以仙药为暴君延寿，就在七月二十五，于蒲涧泉侧绝壁处跳崖自尽，此时忽然飞来一只白鹤，驮着郑安期腾空飞升，在环绕白云山一圈之后，往东方飞去。后人为了纪念郑安期，在其升仙之地，即白云山云岩处建起“郑仙祠”，并以农历七月二十五日作为“郑仙诞”。

白云山怀古（三）

摩星岭上叹浮云，欲向仙翁白鹤群。
归隐千山医百姓，敢催一命抗秦君。
庙堂若懂民间重，历史应休笔下纷。
权利名声参不破，九连余脉自氤氲。

醉月

欲写家书半醉中，飞莺有翅载斯风。
千言莫若临秋境，此夜何如对月宫。
玉魄寒光分两地，流年逝水却犹同。
霜浓酒满休归去，梧叶飘摇在院东。

七夕感怀（一）

云练谁裁织锦名，偷衣原是牧牛丁。
天河偏就相思苦，造物从来任意行。
饮尽人间三五味，方知儿女几多情。
秋浓渐入千山里，一架飞桥玉带横。

七夕感怀（二）

秋月无端又一轮，山棱依旧挂鸿钧。
恒娥有意怜佳侣，灯火阑珊照汉津。
刻骨缠绵终去了，扶桥语止剩无垠。
星河千古谁参悟，俱是婆娑世界尘。

七夕感怀（三）

银河谁渡莫相询，两处遥遥月下邻。
愿借飞桥追眷侣，唯添鹊影对红尘。
凡间尽诉千年久，仙女应知去梦真。
昂首几回听落雨，通霄不见泼珠人。

七夕感怀（四）

高楼一卧恐多情，万户应怜织女行。
露浅秋兴坡上月，桥长魂念去时筝。
人间已是风飘叶，梦里谁听雨打声。
故旧年年初识也，相逢何必问归程。

雄鸡

立宵饮露晚更夫，巡视家园百遍无？
昂首迎风宫府步，高歌褪月广仙躯。
雄心铁喙催朝日，热血豪情震鬼狐。
若问身形何所似，请君细看九州图。

深夜

谁绣风丝满帐帏，琼台梦畔唤思归。
夜高共此清凉境，星渺空余寂寞晖。
料是深秋宵更久，情知锦瑟曲成微。
薄霜不解幽人事，早作窗前冷艳妃。

登山望远

三千云锦远天围，西岭连横枕落晖。
欲接烟波长水去，默参松桂一虫飞。
闲形何不思游适，车马胡如且忘归。
总见风丝吹浩渺，悠悠数载化人非。

秋窗

开窗摇手问惊蝉，谁奏沙沙满树前？
锦瑟徐调催梦境，幽人一卧醉流年。
秋来胜似清凉地，风了旋成自在仙。
唯恐露长明月起，枫桥野草百堪怜。

湖月

竟似吴刚暗许心，西楼携酒独登临。
香沾青袖离霄汉，意满银湖试水深。
入浴丰盈年十五，倚枝约束月逢今。
人间真是多情地，夜半风君赠柳琴。

与友聚于天籁村

昨夜飞莺锦约随，今朝天籁聚相迟。
交心从不关风月，酌酒凭君定有期。
一晌频催尘世客，卅年隔却镜中姿。
百柯入海云帆去，何处渔人立所思？

与友同游白浪河湿地

白浪河深濯手清，水围低树静波行。
解心岸柳扶塘苇，染目飞鸿过藕茎。
四海不如携笑语，一朝何必唱离笙。
摘荷沾尽侯兄意，带去天涯好出征。

听雨

五十华弦素手调，叮咚入耳似新谣。
窗前一立悠人老，檐下双栖燕子潮。
共剪斜丝生惬意，谁牵旧梦过春宵？
徐煎落水情何许，还学周郎辩雅韶。

见隐者

曲径扶摇细步吞，林深靖节未敲门。
隐居闲散诚无志，入世争名定有痕。
曾见溪鱼思阔海，也随浅水下蓬村。
山高难阻青云路，不枉人间走一番。

三国之蜀

四十余年襄汉帜，西南天府属耕樵。
只随日月收多粟，不管皇家换几朝。
黄土才埋新冢骨，朱楼谁起旧笙箫。
后人论道输吴魏，忘却三川百姓谣。

遥寄泓贤才弟

总将行色化匆匆，欲待青云接转蓬。
曲径幽林生白露，平湖浅岸起凉风。
步量春夏知音雀，手纳时光独钓翁。
容膝斋人犹远在，依稀窗畔解飞鸿。

注：董弟泓贤，雅室容膝斋。

观围棋

十九纵横方寸路，运行搁握子皆谋。
帝尧隐悟传天道，庙野怡情伴客悠。
黑白星尖千里势，扁圆镇挂小林流。
江山数万何人有，百点棋罗一并收。

注：围棋，帝尧所创。颈联皆为围棋术语。

夏雨悯农

昨夜凉风惹碧霄，悠悠雨幕过溪桥。
无边雷动天龙健，檐下丝成玉女娇。
万点凝珠追劲客，合身散魄落尘嚣。
来时鼓瑟归时缓，为悯农家一地苗。

雨夜

千山意落半窗含，小院阴沉路去南。
数点幽声连角起，无边丝幕又何堪？
几时脉脉听离语，从此萧萧唯夜岚。
欲借消忧荷叶酒，秋来对饮影成三。

夏至遇雨

夏至徐来聚墨云，惊雷带雨过窗闻。
侬如倾泪三千里，天亦消愁百万斤。
俗事飘无何所化，尘埃洗尽不须焚。
若求一霎心丝解，亘古横流铁甲军。

而立有感

放牧光阴野壑人，随风散去掌中尘。
一坡柔草连山际，五尺闲形对旷垠。
过眼浮云成岁月，虚无往事又冬春。
几声布谷空而立，回首流年始入身。

荷花劝世

青衣水袖伞遮身，总有临潭入画人。
钟爱挥毫描素韵，还兼执楫慕轻颦。
花羞月影终须败，叶赚天华尽作尘。
可待秋来风转北，方知湖底已藏珍。

夜雨有思

斜风细雨谁相似，入手微凉半握间。
点滴沾身生白发，绒丝对镜洗红颜。
无边烟树何须送，千里平湖共与还。
多少功名来复去，清流一夜最悠闲。

雨后黄昏

流霞片片火中烟，又似飞鸿碧海穿。
一点夕阳悬雨后，满城红韵洒人前。
乘云紫汉应如意，徐步黄昏最自然。
妙境谁成何必问，也当寻醉也当眠。

端午有感

汨罗江水自东流，空剩闲云万古悠。
一曲离骚燃岁月，满腔热血洒春秋。
楚都耿骨当时恨，华夏忠魂世代修。
不见渔人清酒里，端阳夜半映弯钩。

夜钓

玉魄微光落九天，一江粼碎入舟弦。
沉钩欲钓春秋事，卧夜还修岁月禅。
身外清风身外去，水中虚影水中穿。
不如酣睡凭杯酒，且做今宵自在仙。

凤凰谷槐花

五月情浓谷地栽，巡游胜景占高台。
一坡温润随风起，百步清香约客来。
但觉花容沾羽翅，无心醉意入君杯。
素衣应是山神赠，望去皆如白雪开。

观海思人生

深澜夜半起钟声，相告凝眸已三更。
手上须臾风迹过，怀中千古月光横。
青虾琐事无垠海，绿藻心思百尺鲸。
装下波涛汹涌后，方知人事莫须争。

青州古城

九州良木属为青，海岱东夷上古星。
吕尚挥毫存史记，曹公沥剑有碑铭。
春秋渡尽三皇梦，岁月徐来重镇宁。
数遍天河还北斗，城垣依旧护生灵。

注：古九州之一，东方。东为木，木属青，故名青州。

游乔园有感

车马稀交日涉园，结庐种竹岁无喧。
劳形钓誉前生事，煮鹤观林此世根。
烟散徐来三友聚，春浓漫去四时翻。
一波绒雨人微醉，细看飞花过院门。

注：乔园，淮水以东第一园，又名日涉园。取陶公“园日涉以成趣”意。

赞凤凰谷

应是嫦娥数日闲，搬来玉府住人间。
三围玉桂栽高岭，五尺绸绫化曲湾。
明月光辉涂碧水，胭脂粉彩洒青山。
凤凰恰巧迎仙女，就把君名叫此关。

题凤凰谷槐花节

白头槐树灿如烟，一片茫茫雀鸟前。
振落幽香沾两翅，引来清韵洒双肩。
请君此去携飞信，邀客云来共静川。
百亩花期犹盼至，归时定再续佳缘。

临夜中湖

心湖小月浅光横，老客煎茶竹叶轻。
临夜静轩听漫水，卧舟斜影对空城。
深灯一去游鱼散，缓步徐来醉客行。
音渺沾鸿飞翅远，琴弦抚胜曲幽声。

注：此首为文字游戏耳。正反皆成七律一首。

谷雨偷闲

平桥细雨数青牛，垄浅蓑衣静默修。
落去飞花滋岸柳，积来谷水润沙鸥。
翻开寸寸流年土，洒下条条岁月畴。
都趁节时耕夙愿，村中只剩我清幽。

寻落花

余香萦绕晚村头，信步来寻欲解忧。
唯有清风连阵起，不知细雨几时收。
思量花路无行迹，定是芳踪已远游。
一朵斜阳开淡树，深情悬挂故人眸。

飞絮（一）

飞物生为倜傥人，随风四处洒平津。
携来绿柳如烟事，染遍青杨似水身。
欲钓还无轻世外，辄吹又返漫红尘。
诸君莫怪无颜色，缘是心思白雪纯。

飞絮（二）

依依杨柳懂书文，飞去飞来再问君。
一阵绵风追月桂，几声呼和散烟云。
如花词客寻难见，头白诗人竟已醺。
南北东西终入碗，合身化酒不须焚。

蜜蜂

午后闲情过月台，海棠楼畔未全开。
圆蜂臃肿偷钻入，薄翅轻盈细剪裁。
春雨无时频解劝，花香有日莫相催。
不如煮酒先谋醉，总有芳心待客来。

赏海棠

琉璃玉透满西园，早有清香过月门。
洒下相思花瓣雨，招来爱慕柳丝魂。
旋飞羽雀啾啾意，伫立周生脉脉言。
静坐徐行皆是醉，飘飘不似在乾坤。

山行

雨幕穿林绵雾起，荷衣竹杖径深行。
芳枝青叶天珠透，野雀花翎落水轻。
若问安然何处好，合言潇洒此时亨。
卅三岁月浮云里，访过山神再捋清。

盘阳春游

偷闲归去在盘阳，小院花浓北水傍。
陌上桃鬟争客眼，河边梨雨暖人肠。
修竿欲钓春江韵，呼雀来衔绿野香。
若是存茶壶已空，白云摘下煮新汤。

清明山游

寻游静谧属清明，细雨春消步落英。
携杖一杆山韵里，吹箫几许鹊啼声。
风前绿柳千丝就，陌上青杨百嫩成。
又是流年花渐远，还将来路复徐行。

暖春游园

岸柳轻摇嫩绿身，和风细软水波粼。
犹怜紫燕双飞趣，又爱青芽一缕真。
信步湖东春入眼，徐行树下杏沾唇。
谁将万物皆催醒，衣袂飘飘静路人。

小桃

一丈殷红绰约开，浓妆小女下亭台。
迎来碧水终相许，再向春风使作媒。
不叫银华沾岁月，只须粉黛远尘埃。
白衣羽扇周郎近，羞怯心思慢慢裁。

落花

疏篱新柳小桃东，叶茂花零不尽同。
一季绯红终是短，数枝灿烂也成空。
书生只道繁华好，老叟才知硕果丰。
但恐江南催暖信，春风离去向阿蒙。

古盘植兰

一缕春风悄入阑，吹开嫩绿两三竿。
消忧岂止杯中酒，冶性还须掌上兰。
舞袖嫦娥裁满月，挥衣吴桂剪圆盘。
钟声夜半应稍驻，勿扰时光寸寸欢。

春游

偷来半日向溪桥，次第花开百样娇。
玉面桃鬟羞黛玉，娥妆梅眼醉周乔。
山君煮酒邀春色，过客弹歌共野鹞。
唯恐贪杯酣睡去，千红一怒远尘嚣。

春游逢简水乡

古树依依杏白墙，斜风细雨客思长。
青苔唤我穿幽巷，绿鸟催人绕曲廊。
几碗清涟温岁月，一壶鼎沸煮春光。
随舟误入浮萍里，却是蓑翁入梦乡。

注：逢简，佛山顺德一水乡。

思乡

晓梦依稀归故里，朐山弥水老龙湾。
丹心化作家门月，双目凝成旧地颜。
卅载孤身余冀北，何年妻小共乡关？
春风误入催人醒，摘下相思一叶还。

注：朐山、弥水、老龙湾皆为临朐地标景点。

春柳

东君偏爱村前柳，染就新芽吐早春。
剪径黄鸡留稚子，裁枝紫燕绝风尘。
丝绦本是丹青客，玉树终成泼墨身。
三五渔樵临碧水，无心已做画中人。

马

龙驹不与世尘同，赤兔腾飞万壑中。
俊骨凌风追晓日，霜蹄如雪赛飞鸿。
由来四海平天志，归去千秋耀世功。
北卧苍山凭意气，此生豪迈是英雄。

墨梅

墨迹由来自不同，逐香俗客向千红。
洁高意气临冬雪，冷傲身姿沐北风。
休惧凡尘污瘦骨，何须乱世染惊鸿。
此生我愿真如我，静好安然古道东。

闺怨

落叶秋风随转下，昏鸦老树故山川。
深崖弯月皆无意，远岱孤星枉蓦然。
画扇当时轻聚散，鹊桥日夜废团圆。
而今衣瘦人憔悴，陌路萧郎似水年。

深秋银杏

满城秋远长冬近，蒲扇银黄舞北风。
雨打霜催谁与共？枝繁叶茂几人同！
一心染遍斑斓树，无意铺成锦瑟宫。
不计凡尘留客事，飘摇只向太虚中。

夜雨（一）

窗外潇潇为故旧，长河弱水入尊无？
从来已是成千泪，归去还将化万濡。
今夜人前多湿透，何时月下共沾沽？
此行踏过京城地，染遍深秋寂寞株。

夜雨（二）

引下瑶台百万兵，横流铁甲写秋名。
轩窗点将身同去，落叶飞刀雾里行。
萧瑟终归尘世路，飘摇依旧故人声。
霜蹄四海凌空志，翻作长空晚客情。

深秋夜雨

小楼独自站深秋，点点归鸿落叶愁。
古道离人撑纸伞，竹桥过客系兰舟。
天涯多少淋漓尽，细雨千丝寂寞休。
一夜西风当暂住，明朝结伴向东流。

乘风

我欲乘风归阙宇，听蝉坐忘古村西。
只思落日花容浅，不向空山树影低。
若得柴扉观白鹤，定行曲径数黄鸡。
人间烦恼三千丈，煮酒还须借杖藜。

残烛

风中灼炬无心灭，垂泪分离火热时。
皓首清身何所爱，残明晓夜不停欺。
平生欲借亲和力，临死犹来责备词！
原是人前孤傲辈，一芯燃尽恨如斯！

问道

天南天北从容越，化外行云自在空。
煮酒当歌鸣古剑，燃香起舞卧苍穹。
人言修法高山处，我独参心世道中。
一叶春秋飞鸟过，任它冬夏与凉风。

飞絮

绿水青堤送落鸿，溪桥北望转头空。
无心岸柳吹飞絮，信步山花戏暖风。
锦瑟悠悠声渐远，身姿绰绰影朦胧。
人间聚散离愁苦，爱恨何如醉梦中。

纸鸢

欲借清风上九天，顽童细线手中牵。
有心化蝶飞虚幻，无奈成丝费纠缠。
若问孤高兰作骨，还如薄命羽为肩。
峥嵘岁月当歌处，尘世飘摇一纸鸢。

杨絮

五月流莺送落红，绿杨十里赐飞绒。
轻嘘浅触无踪迹，转眛摇身满树丛。
过客扶桥忙扑面，村翁捉影早成空。
逍遥散尽尘嚣去，一季纷纷类走蓬。

春游山村

旅客清歌古道西，半山回应是黄鸡。
村童无赖扶虚影，家燕轻盈蘸碎泥。
遥忆故乡当此景，近看柳色已成堤。
趋身暂付斜阳里，不管春风酒为妻。

山寺桃花

岭外红英倚早春，桃花庵下洒清尘。
若须摇曳成泥垢，也使飘零入嶂嶙。
窈窕素颜何处有？蜿蜒曲径远山循。
行人烟树穿肠过，一季和风酒一轮。

观月

脉脉清寒向远霞，银盘临照入谁家？
倚栏无意惊昏雁，煮酒还曾醉暮鸦。
何事经年空玉镜，只缘岁月落光华。
愿闻江上枯鱼叟，不道思乡道绿蛙。

秋雨乡愁

暮有微酸始乱秋，啼鸦寒翅惹归愁。
若无白树悲风月，何以青灯冷棹舟。
多少烟云随落叶，八千细物入心头。
如丝亦是离乡客，止语徐行向小楼。

雾景

薄风拂却青丝了，细雨迎来访客容。
明月随心吹露浅，朝阳无意造华浓。
接山浩渺缠飞鹤，满处苍茫惹静松。
半醉仙姑施粉黛，误推翰墨洒天重。

中秋望月

仰望长河亘古行，万家灯起月光横。
苏词一阕随风雅，玉杵千年入六笙。
自此人间趋白露，唯将故土载离情。
桂花依旧香如昨，谁借中秋四海名？

注： 六笙，《诗经·小雅》“鹿鸣之什”中的《南陔》《白华》《华黍》，“南有嘉鱼之什”中的《由庚》《崇丘》《由仪》六篇的合称。

重阳

雨后秋来晚更凉，红尘月起又重阳。
曾邀细露沾衣带，谁共清风入故乡？
一盏琉璃人半醉，满城灯火夜中央。
笙歌不与飘摇客，我自徐行在曲廊。

思人

最是多情雨入秋，拍栏凝立怎堪求？
千丝客渺江湖下，一念声稀锦瑟收。
再向巫山追梦去，唯怜落水化东流。
旧人纵有相逢处，不似当年小月楼。

夜菊

谁立中宵逐影斜，逸尘酌露曰黄华。
巢儿枯骨思金甲，陶舍才情远肆奢。
过眼沉浮皆逝了，一生意气算多耶？
世人总被秋风误，我本无心笑百花。

注：肆奢，引自《东京赋》，指穷奢极侈。

问山

身随石径向崖深，溪谷怀诗返去音。
付了轻呼真一快，拾来佳句再长吟。
春风多少成秋事，寒雨如何入短襟？
我是唐朝归隐客，千年孤寂待知心。

秋游石门坊

一入黄栌便忘魂，摩崖百尺立千幡。
岭随天柱秋风透，桥引仙人岁月温。
兀自丹霞迎墨客，何须五彩过山村？
古城八景今当此，晚照幽深卧石门。

注：黄栌，石门坊枫树品种。天柱岭、仙人桥、石门晚照为地标景点。

登高

不见黄花对客柔，清香已许故园秋。
南山萧瑟唯风雨，世事沧桑付相侯。
怀玉何须嗟落寞，登高一振斥方遒。
今逢九九重阳日，看尽飞鸿过旧楼。

送行

北塞长亭岁近冬，云边雁阵过寒松。
萧萧物是杯中浅，漠漠人非马上浓。
醉了辄须归浩渺，生来本意远平庸。
八千里路同飞鸟，君报关山又几重。

冬兴（一）

一树萧萧落叶何？半黄百转过山坡。
穿篱岁月旋无处，扑影秋风却恁多。
草木几回逢白露，余生依旧引长歌。
四时不与人商量，千古江头起素娥。

冬兴（二）

青霜有意过蓬村，月印西山满柴门。
绿蚁同君消万古，玉龙不日舞乾坤。
应将短聚分三刻，再约红尘走几番。
醉了方能饶岁去，浮生多梦且无言。

菊花

十月天然尽化秋，金童三两挂闲钩。
篱边自是真潇洒，涧底无人也静幽。
身影独成霜里客，百花已作酒中眸。
明年就月知何处，家住陶翁院里头。

高铁出差感怀

未与庄生入梦酣，玉龙已在大江南。
千围乡土旬时就，百里风情片刻探。
汉武雄才应慨叹，今朝手段使心甘。
飞驰山海经中地，怎教周王八骏堪？

过青州

范公笔下饮如鲸，知府文章重镇名。
铁马已然归远廓，儒林今又起清泓。
长嗟落日沉人事，非怨云门负此行。
不识书乡多变化，来年再过是新城。

注：范仲淹曾任青州知府，现存地标景点之一范公亭，云门山亦为景点之一。

过青岛

望海回回羡树高，早知极外有金鳌。
只攀勇水居前浪，不学幽鱼潜九皋。
远蜃稍留时半刻，长舟即去百千艘。
今生莫负鲲鹏志，暂入深邃蓄六韬。

注：《六韬》，又称《太公六韬》《太公兵法》，是中国古代先秦时期著名的黄老道家典籍《太公》的兵法部分。为文韬、武韬、龙韬、虎韬、豹韬、犬韬。

过潍坊

板桥竹影总关情，十笏园中主客诚。
春夏千回归白浪，故人一去羡风筝。
古来锦绣山东地，多少经纶子弟名。
岁月难消豪迈事，乡思解过好前行。

注：郑板桥以画竹闻名，曾任潍县知县。十笏园、白浪河、风筝皆为潍坊标志。

文成赴宴

枕过浮云假亦真，偷来几日更精神。
遥知故旧乘龙去，速射归心拍马循。
此路翻山行碧水，文成好客解风尘。
华堂慢入闻南竹，换做东瓯一雅人。

注：温州，古称东瓯。

文成宴中

且向文成访大儒，期颐而立岂关乎！
竹林四海人同醉，翰墨三年月正酥。
浊酒融诗邀巨阙，明朝执剑问江湖。
欣逢今起弯弓意，我辈英雄射锦符。

文成将离

飞云湖水总添愁，千古人文次第流。
知己不关南北路，识君今在贵宾楼。
文成此去应思念，竹韵何时共斗牛。
自此登山多瞭望，飞鸿也许自东瓯。

注：竹韵汉诗协会温州文成雅集，游飞云湖聚于贵宾楼。

铜铃山中

浅复深行彩叶宫，山君接我有飞蓬。
陶家菊子分香韵，溪下周郎辨雅虫。
曲里清幽归垒土，冬来闲散倚梧桐。
几人看破红尘事，俱在轮回一霎中。

文成雅聚

青霜有意过吴门，月印寒山满处痕。
绿蚁同君消万古，玉龙不日舞乾坤。
文成短聚分三刻，世事红尘走几番。
醉了方能饶岁去，浮生多梦且无言。

铜铃山怀古

一挂长天入谷分，唐时烟雨宋时云。
归兮千古骚人意，去矣沧桑过客文。
碧水悠然同远阔，铜铃依旧自氤氲。
不知足下寒潭底，主宰龙宫换几君？

注：铜铃山，温州文成县一景点。

过刘基庙

逐鹿中原意气行，文成两出为何名？
有谋也是归民粟，入土焉能剩甲兵。
看淡浮云终隐去，关心家国却收声。
当时故事今人说，历史长河亘古横。

百丈漈下

百丈三分素练真，近前谁作谪仙人？
楚歌狂士当知我，落水惊雷早入身。
饮似长鲸嗟壮阔，飞来万玉叹无垠。
沾衣涤净繁华事，一捧烟云去绝尘。

过安福寺

天圣山中枕斗牛，木鱼声弱远经楼。
飞云化水参禅静，顿悟成丝落地柔。
力士莲花依旧在，俗尘过客几时休？
徐行唯恐惊师祖，唤我徒儿返渡舟。

盼雪

锦瑟应同玉指扶，临冬怯怯拥红炉。
窗山形象遥还近，院竹希声有似无。
青女何时空万嶂，会期定再减银壶。
寻踪只借梅颜色，却道幽香赠尔孤。

初冬望远

玉龙车驾众云巅，姑射高庭隔九天。
践信霜蹄犹未返，飞觥尺素待谁牵？
书生手握千山意，竹杖身从一季缘。
北望长亭含远阔，茫茫腊草卧流年。

愿归

道君玉马怨霜苔，短巷皇城八骏哀。
野骨真须还野壑，天公无意没天才。
京华客满胡归矣，故地情多定壮哉。
寅夜风行堪一去，三千星斗过肩来。

注：周邦彦《少年游·并刀如水》中，写李师师挽留道君皇帝时曰："马滑霜浓，不如休去，直是少人行。"本诗中"道君玉马怨霜苔"句引申以马为主人公怨之而不能驱驰也。

题《梅竹双清图》

我有书生剑一双，梅君竹影伴西窗。
丹心飒飒凝枝干，傲骨铮铮洒满腔。
不惧乾坤飞战帖，还将素练饮长江。
明朝看取沙场雪，俱在清风阵里降。

念雪

青女遥来愿结庐，共依旷野梦乡如。
雪归万里幽林静，心过千秋一鸟徐。
谁证姻缘长白首，可邀溪涧小银鱼。
从今远嶂堪飞渡，我有娇妻自太虚。

对雪

雪借连坡织玉装，惜沾迅兔两三行。
蹄轻印象空山里，念远闲丝影树旁。
古往清幽多隐者，而今野阔几儿郎。
红尘催促凡人去，解下当归赠汝藏。

注：当归，药名。此一语双关也。

看“熊猫吃竹子”视频有得

祖唤貔貅陷阵中，九黎鏖战也英雄。
后归巴蜀春秋雨，今剩唐朝水墨风。
抱竹原来如韵客，吞香怎奈似馋虫。
临餐掩我凶神样，翻个跟头再立功。

注：熊猫，古曰貔貅，随九黎蚩尤部出战黄帝。

向晚

远树长坡接晚霞，寒虫声弱隐平沙。
瑶琴欲按樵归矣，酎酒难温鹿去耶。
世有梵音空几许，人参岁月悔多些。
怀中竟已生滋露，亘古悲凉请复加。

对竹

山人向远试微风，直入三秋竹语中。
念叶沙沙兵下事，穿林沥沥阵前功。
生来我亦披肝胆，梦里刀堪哂豹熊。
欲借青枝攀嶂去，登高一览九州同。

念旧

渐远春秋化玉浆，无关锦瑟暂相忘。
红尘客共江湖路，浩渺鱼随四海浪。
爱恨难逃归宿命，沉浮依旧在苍茫。
忽听老杜新呕句，炉火堪消两鬓霜？

冬至

鲛人珠落水晶宫，海内霏微染白风。
鹿柴徐开阳一线，冰梅羞掩野无穷。
春秋已作香边客，岁月轻归草下虫。
多少长亭含旧梦，遥遥青女待相逢。

对月

几度凭栏步广瑶，无边永汉值金宵。
才攀玉魄清高府，又爱楼台大小乔。
钓得闲情勾未去，沾来夜色影沉了。
银河一丈千年久，两岸天人各寂寥。

归鸟

数点归翔带落霞，凌波江上揾红纱。
孤身客羡双飞翼，万古情消百丈涯。
梦里春秋皆隐去，怀中岁月渐成奢。
桥东又过神仙侣，却道风尘处处家。

《湘江之战》观感

薄命堪留石上存，英雄生死两寒门。
千堆枯骨沉无处，一脉功名起垝垣。
国父文才伤国事，兵家釜已显兵痕。
男儿不饮湘江水，中有同袍五万魂。

注：军史记载湘江之战时，一战损失五万人，血染江水。

雪鸟

默对深林两白头，千层意绪一身幽。
巢依野旷些微雅，树羡飞邻几点柔。
羽上隆冬听簌簌，山中远径渺啾啾。
何抛玉女相思物？道是腰肥不胜羞。

梅语

知音何处觅吾身？或入诗家或野嶙。
画苑堪多涂世笔，孤山不见宠妻人。
争如浣月轻沾雪，自在修行任绝尘。
鹤影茅居今莫问，当年韵事锁朱唇。

注：林逋隐居杭州孤山，以梅为妻，以鹤为子。

风筝（一）

最是潍城满爱巢，银丝故地总难抛。
三春竹化双肩志，万古风存四月郊。
已染人间情入骨，还修世外梦吞爻。
长空放眼无疆也，处处飞鸿算一胞。

注：吞爻，出自《三国志·吴志·虞翻传》。

风筝（二）

细竹相邀欲九天，青云与梦信中穿。
追风一去堪无极，遇鹤千回却转旋。
俗世难修非我愿，江河尽望任谁牵？
娇人又寄思量手，却见春秋落满肩。

树影

柳木萧萧夜正高，三千旧事作飞猱。
秦风起处催狂客，汉月经时竖大旄。
俗世无非梁上梦，寒霜恰似匣中刀。
人前我舞霓裳曲，几度春秋染锦袍。

日出

一脉霏微隔斗牛，极天散入漫荒流。
红纱渐始披峦嶂，紫电徐开射部州。
无数阴阳催世事，几多昏晓垒春秋。
众峰早占三分暖，输我豪情万丈眸。

夕阳

夸父堪追志未酬，昏黄车驾困骅骝。
霞光万道催神力，瀚海无边拒渡舟。
自古豪情多陨灭，今朝落日似难休。
骚人只盼西王母，唤下金乌挂玉钩。

思乡

飒羽衔冬万嶂横，云泥不减旧时盟。
心随暮雪归千里，愿借飞鸿凑一行。
去岁总添新岁曲，他乡谁解故乡情。
应多羁旅风霜事，早在双亲鬓下生。

雪

脱俗冰壶世外寻，琼台一霎染衣襟。
银枝无数消人梦，白絮千层压鸟音。
簌簌浑然悲画匠，悠悠静谧夺天心。
徐行不管情多少，揽入怀中胜雪沉。

送行

送客微风朔野生，悲凉不复雪中行。
冬林竟已千层绪，白鹤飞回数阵鸣。
似问归期何事久，难逃离散故人轻。
遥遥足迹连山去，印在心头一望平。

观血月

异景蝇民几缕光，非关血月唤魔王。
惊心不似城上玉，举首难邀美娇娘。
福祸天机谁可泄，春秋定数自无常。
千年变幻知人世，依旧楼头夜正央。

立春

句龙青袖出扶桑，万树新芽起暗香。
白雪消融千里远，凌冬去了七星长。
须臾岁入寒潭尽，依旧春来潦水茫。
自此身应郊外浅，惜花时谢足留芳。

注: 句(gōu)，句龙是少昊的后代，名重，为伏羲臣。死后成为木神（春神），主管树木的发芽生长。

返乡前

千里家翁共落晖，渐催年事忆熹微。
朱门舞墨桃符句，花市寻香锦绣妃。
思旧堪多添莞尔，望今甚少有氛围。
愿赊八骏驰寒士，直叫飘零尽许归。

丁酉岁末再入瘦西湖

西湖瘦影在扬州，五孔莲花几度秋。
客扮枫桥分雪意，谁成琼骨倚雕楼。
无边萧瑟非三月，数代更亡现石头。
巧笑当年犹入耳，声声不见玉人收。

注：瘦西湖，扬州名景。五孔桥形似莲花，每逢盛月，每孔下皆映一轮月。琼花为扬州市花。

小年戏吟

氛围浅浅小年更，九阙应多舍下名。
世上烟云千载事，家中炊火几餐情。
油盐化尽风霜白，夫妇煎成岁月宏。
奏罢丰收须快返，灶神不在怎开牲？

闺思

一两黄花三两月，娥眉浅淡掬风清。
无边绪起春芽动，数点霏从远水平。
问翅堪招萧史否？知心也筑凤台鸣。
云中锦字凭谁拆，若似周郎便许盟。

注：汉刘向《列仙传·卷上·萧史》：“萧史善吹箫，作凤鸣。”秦穆公以女弄玉妻之，作凤楼（后称凤台），教弄玉吹箫，感凤来集，弄玉乘凤、萧史乘龙，夫妇同仙去。

归乡

极目难消远嶂浓，乡情早染漫山松。
归心欲驾青骢去，宿梦应携旧燕纵。
百里风尘三日聚，经年苦涩一杯溶。
生来不惧飘零苦，只是佳期岁入冬。

祭祖有怀

青烟漫解野山愁，肃穆坟茔卧正幽。
垒土多经风雨露，孤魂已惯夏春秋。
轮回一片碑前草，呼唤千声石上鸠。
四海功名归落叶，兴亡冷看旧红楼。

除夕

山村爆竹震鸿钧，院里华灯院外春。
旧巷忽闻童子语，新钱急作喜包陈。
年来百味圆台浅，酒满千觥宿醉真。
一梦应为梅下宠，明朝已是岁翻新。

古槐

几许霜华数丈英，犹闻世事望中鸣。
仙人弈久斧柯老，古井源深岁月清。
百载村山容易过，千钧祖脉自然横。
归来我亦为枝叶，散作周家树里声。

注：周家庄建村时便已有此古槐，数百年矣。槐下古棋石盘一方，古井一口，应与古槐同龄。弈棋之法已失传，然古槐生机盎然，古井水世代饮用。村人敬奉。

戊戌春节与淡泊等聚于临朐即兴

芳华路远渺山莺，弱翅堪飞载梦征。
木叶逢春多雅意，杯茶融雪有琴声。
时光不待知音老，世事常随去雁轻。
莫道艰深黄海水，三千细浪赠前程。

题春游瀑布图（新韵）

谪仙高逸化氤氲，恰我来游巧遇春。
百丈清灵如泻玉，周身爽悦胜骑麟。
暮冬残转侵蛮雾，腊草新萌脱俗尘。
欲上虹桥归九曲，唐时骚客可逢今。

望夜

楼台高卧近天河，一瀑飞来念已多。
引凤难随萧史去，牵牛永待织星过。
人鬟虚影当空月，画扇清风彼岸歌。
莫叹衣从琼露湿，非关涕泪梦中娥。

象棋

车马无声过楚河，运筹双炮胜兵多。
潇潇易水功名阵，飒飒寒风将士锣。
成败英雄归去了，兴亡岁月与谁歌？
犹闻百战男儿事，笑我书生懂什么！

忆西子

越女丝绦忆苎萝，吴王枕下起干戈。
游鱼不解天姿重，逝水空流战事多。
九鼎诚然归霸业，一川无奈失娇娥。
而今漫议红颜祸，谁解浣纱当日歌。

注：西施，后人尊称其“西子”。春秋末期出生于越国苎萝村，助越灭吴。

三十三岁生日感怀

随波卅载又三回，欸乃声遥一橹偎。
万丈湖中鱼似我，零星浪里影成埃。
空空囊有群山意，浅浅人生半吊才。
亘古龙门高几许，今宵揽月凤凰台。

醉中望夜

北斗壶斜洒酒多，刘伶醉了慨而歌。
寒宫愿往移丹桂，九阙堪行上险坡。
饮者豪情空万古，书生意气拜长河。
繁星烁烁人间事，阅尽沉浮问什么？

元宵节

始见天官便作春，笙歌岁岁在良辰。
微寒渐去鹅黄起，细蕊才生俊鸟亲。
语下灯题应念我，唐时墨迹最知人。
回眸不向阑珊处，梦里华妃已绝尘。

春雨

誓与鹅黄践旧盟，银珠散作绿丝情。
回春我做云雷手，入韵谁怜锦瑟声。
望里河山皆洗尽，觉来岁月亦修平。
东流毕竟非人愿，不若徐徐梦下行。

春夜临水

逝水应知岸上人，长河几度曳为邻。
怀生逸藻追云浪，柳吐灵芽近我身。
世事抛空终觉梦，风情占尽始怜春。
东流点点星何往？且共清狂一夜真。

春柳（一）

北阙春风度上京，湖光微潋淡黄成。
芳芽几自连波浅，雅客从容捉绿轻。
拭水丝柔犹可待，描眉女倩几时迎？
江堤不管枝头事，百里尘烟慢慢更。

春柳（二）

弱柳青青暖水西，鸭凫先我占沙堤。
曾经舫影追鱼渺，几度莺啾入客迷。
一树垂帘遮岁月，千丝映象扮湖妻。
风来借问春行处，已到陶翁第五畦。

春柳（三）

长河更外问春姬，漫漫垂青立者谁？
玉树迎风摇碧影，尘烟临水展娥眉。
千秋老客怜人事，几度陶翁剩柳枝。
浅步行来多少路，娇柔看尽再相随。

春柳（四）

春秋隐在柳梢头，汉绿秦黄亘古柔。
渚影千回枝荡荡，烟尘一季世悠悠。
江风有信吹娇暖，墨客无心弄黛羞。
镜里垂丝知我意，临湖不忍向东流。

注：此四首分别从春时柳的发芽、鹅黄、浅荫、浓荫四个阶段来写。力求单首诗中句意递进、诗与诗之间也形成诗意的递进。

玉龙雪山

十三脉贯玉龙横，云蔚高寒万丈生。
飞鸟难攀愁薄羽，世人欲上羡天兵。
纳西岁月神山护，绝处春秋白雪行。
扇子陡前长望尽，千峰枕卧亦多情。

注：玉龙雪山，有十三个山峰组成，纳西族的神山，扇子陡为最高峰。

遥望玉龙雪山

淡云微拢雪山腰，谁隐天边白玉霄？
仙子高兮无梦接，丽江阔矣一春浇。
几番俗事成孤独，千古清寒似寂寥。
欲伴冰身同九阙，相逢此去路迢迢。

春分有寄

紫燕今从细柳归，垂帘漫赠入村围。
才分寒暑天为半，又剪枝头绿作衣。
树浅何时承雨露，囊羞先自种蔷薇。
嗟君笑值千金否？待得春浓问丽妃！

注：晚年汉武帝常闷闷不乐，见蔷薇而笑，时宠妃丽娟取金百两，言买笑耳。后称蔷薇为“买笑花”。

朐山登高

渐醒朐山日日新，芒鞋不舍野无垠。
胸怀阔矣分幽径，木叶青兮绝世尘。
几度欣荣长涧柳，今朝飒爽短衣人。
登高莫问谁知我，十里烟云万里春。

弥河春游

寻香浅步岸边行，散淡飞雏影上鸣。
扇底人鬟妆未许，林中岁月绿才生。
弥河水接春多少，倩女腮沉柳几倾。
侧耳枝头闻锦瑟，东君信事遍朐城。

临水望落叶

萍踪一去路如何，雾浅霜浓万嶂多。
腊色同秋归浩渺，黄衣与客话婆娑。
三千世界随流水，九曲盘肠服太阿。
纵使今冬埋义骨，明年新绿满西坡。

桃花

缠枝逸态复昂昂，绰约春塬紫媚娘。
世上难寻秦晋土，人间怎觅李高皇。
胡归四月风中舞，不去三山洞里藏。
拾得飞红谁落寞，明年依旧笑周郎。

注：桃花灼灼艳媚也。

杏花

细蕊冰心婉约身，铅华略施粉轻匀。
临桥曾拒香腮雨，涉远还招玉魄人。
绮梦几回怜倩影，时光一度占郊春。
飞飞趣后知三月，小杏枝头我绝尘。

注：杏花悠然温婉也。

玉兰花

林荫逐客过新泉，蓦里娇柔一树仙。
慕白清魂高阁上，绯红玉雀矮枝边。
溪桥望北春无际，动影轻喃曲在肩。
自此浮生归去后，凌然处处有云烟。

注：玉兰性淡高洁也。

山行

宝刹遥来涧水鸣，寻攀曲径也多情。
怜春绿漫三千里，曳客钟徐一两声。
世事作空云作古，松萝为羽鹤为盟。
湖山已惯飞鸿趣，赠下凉风任我行。

竹韵诗友哈尔滨聚会期待有作

商略燕园四月莺，羽袍许我赴冰城。
高飞且共云山意，远涉还寻竹友声。
雅韵几番擒旧事，杯觥可待践前盟。
松花江水连天际，一望堪增万古情。

过完达山

望此山催旧忆多，当年龙脉起风禾。
三千岁月犁中土，十万春晖汗里歌。
夙愿归时家与国，将军卧处草连坡。
今来不拜刀兵事，投笔真堪付一蓑。

游哈尔滨索菲亚大教堂

百载风云剩旧楼，沉浮已了付今眸。
徐来短巷痕归雪，远上高穹影作鸠。
不见当时思得失，谁教竖子辨亲仇。
嗟君此际家何恙，兀自飘摇似未休。

过松花江

百里河中冻未更，松花江畔玉人行。
千堆雪正沿堤厚，一季春偷入柳轻。
莫笑轮回皆逝水，应看早树立归莺。
和风渐醒知吾意，解下叮咚四五声。

赠别哈城雅文姐共竹韵众诗友

再嘱冰城柳上春，依依别后惜纤身。
丝柔不耐三千雨，叶浅难遮几十人。
自古多情非独我，而今漫野似相亲。
云山渐隐归鸿去，黑水依稀抚梦津。

过兆麟街咏怀先烈

义勇军歌遣入怀，男儿驻步兆麟街。
经霜石做丰碑立，荡寇人归厚土埋。
消逝冬前参世事，“起来”声里谢英骸。
今朝与我谁投笔，暂别娇娥发上钗？

完达山乳业寻根（新韵）

嗟君祖辈怎如龙，卸马边疆汗水从。
旧忆堪怜孰作主，将军不吝且为农。
风雷手拓完达土，革命人开乳业宗。
汲草当年山上众，春晖已去万家溶。

注：王震将军开肯北大荒时创立完达山乳业。

赴冰城路上作

欲赴冰城作大饕，餐餐酒曲和诗糟。
谪仙呼我分佳酿，竹友牵星向九遨。
炼得心明通宿老，修成笔箭射飞猱。
知音此刻三千里，北斗来时共许袍。

伏尔加庄园幸福桥上观冰花

莫道春衫着树轻，桥南桥北百花生。
千姿态赠冰城客，四月人归黑土情。
望里芳菲消寂寞，河中雪霁写纷呈。
无言已许清纯事，静待游鱼散落英。

寿光蔬菜博览会游感

望里珍馐足可夸，琼枝锦蔓共椒华。
生民口腹齐天事，蔬菜龙头第一家。
恍入瑶池皆异宝，浑忘俗世尽奇葩。
心高未许东篱愿，借此春风数豆瓜。

竹林行

竹径寻幽策杖侵，谁摇竹动浣人襟？
千声竹韵风中始，几阕青辞竹下沉。
竹解吾思同倚路，吾添竹影两知心。
今随七子当年竹，也植南山入竹林。

絮

昨借飙风探小城，今沉曲水念身轻。
依花道是无香骨，染物空因似雪名。
四季唯春怜我落，千秋一霎与谁争。
东流此去舟山险，阅了浮华便不惊。

风

拂面知君未见君，青丝欲系已纷纷。
来人莫问谁曾识，枯柳空摇似可闻。
阅遍春秋怜草木，吹过世事渺烟云。
今归复有登高客，锦瑟声中恸旧坟。

麓台春游

远古浮烟绕麓台，三皇醒未枕清垓？
儒风接梦娇春始，汉柳沾人墨韵开。
不忍纸鸢天上去，应怜岁月掌中来。
欲寻孔孟依松处，也捧诗书读几回。

夏日林行

绿涨芳归雨复晴，犹怜秘境树相迎。
非阴启合添幽意，乃我吟讴引淡莺。
天地遥随方一霎，浮云老去恰三生。
音稀忍别将何往，万里分飞野自横。

元大都公园落花

非我佳人不可留，怨归强坐小雕楼。
健安东路三千树，爱却南堤一片幽。
曲水怎消分合事，春枝已赠古今愁。
闻香未忍抬眉眼，道是飘零梦里头。

注：健安东路在公园南侧。颔联用借义对。

珠江印象

襟纳乌蒙绕海珠，横流一霎梦归吾。
瓢中饮共平波意，案上笺同古粤儒。
此去清霄牛斗聚，独留远嶂月光扶。
难知醒未嗟高渺，亦照羊城众友乎？

注：珠江发源于云贵高原乌蒙山系马雄山，流经中国中西部六省区及越南北部，在下游从八个入海口注入南海，其中之一为海珠。

母燕（写在母亲节）

乳燕声嚎辘辘肠，关情掠影化飞芒。
穿林伴是三春雨，挂我思为一曲廊。
旧翅年年新翅接，无言夜夜有言藏。
儿冲霄汉牵怀事，食未衣无告尔娘。

莫凡赠胡马先生新编《宋词三百首》有寄

书经鸿雁已多年，锦瑟遥成梦里牵。
常和音稀飘万嶂，又嗟月满照斯船。
风华旧岁今谁弄，水镜新愁却自怜。
读罢宋词三百首，吾心为柱子为弦。

望星空

牛斗觞斜瀑一泓，三台渺阔绛河横。
凌幽紫殿沉人事，怆客金风荡俗名。
万玉已随天地老，无言顿觉古今轻。
丹丘别后怜焦尾，复者谁闻瑟瑟声。

依韵贺景阳兄生日

晚至欢欣点颗烟，生辰当贺挽流年。
金陵兄待吾情寄，上阙莺将两地牵。
白马独留过乃隙，红尘结伴润心田。
声遥祝语君闻否，已在飞云万嶂边。

贺邓世广老师七十三寿诞

总羡陶腰耿不弯，岐黄在手枕天山。
松风入袖诗无两，鹤骨生香酒等闲。
一梦境中明世事，半瓢居里写人间。
寿桃欲寄凭云岫，日日朝霞敬紫关。

注：邓老为新疆医学教授。诗词界元老。半瓢居为其书屋。

莲

久卧濂溪玉骨生，烟波已惯立峥嵘。
幽居每忆元公貌，碧水堪消世俗名。
日日晨昏时渐去，芸芸往复绿长擎。
问谁惜我心中苦，岸上应闻耿怆声。

注：元公，是周敦颐的谥号，自号濂溪。

过沈阳

今拜皇都古盛京，不闻铁马旧刀兵。
两朝宫阙浮烟事，百载晨昏过客名。
几度新楼归垒土，依然弱柳落飞莺。
谁人识得高弦曲，往复熙熙步履轻。

注：沈阳，清初两朝在此建都，称“盛京”。

儿童节忆儿时伙伴

着绿牵黄挽大弓，形颠意满唬蛾虫。
江湖梦远骑牛吼，伙伴情多执剑攻。
山野犹存过卅载，青梅渐老忽双翁。
驱驰愿遂当年誓，入眼无为旧物朦。

端午怀屈子

石已沉沙报楚邦，唯留往复汩罗江。
心舟遗恨忠无路，上国斯人血一腔。
忍顾文骚持艾叶，合修耿介挂西窗。
逢今君可声声语，愿是当时战未降。

端午临水

拂风枕月羡樵渔，一叶轻舟远故疏。
梦入楚腔薪火碎，声随覆水老翁嘘。
忠魂且酌今人酒，评说皆归后辈书。
昏晓常催分合事，君休憩处忆当初。

观鸟

徘徊醉卧似沙场，树下温柔渚外狂。
林鸟无忧双比翼，真情有隔几娇娘。
吾牵梦者瑶池女，剑斩愁何玉镜霜。
着色功名皆去了，飞龙志已影中藏。

雪窦山忆旧

步止魂消雪窦山，无边聊赖旧相关。
成双瀑去何曾忆，独个莺回未忍攀。
猿啸须臾人尽望，愁思千古水连环。
清流不记柔肠语，却映当时似玉颜。

偶成

秉烛通宵为什名，屏中未惯斧钩轻。
扪心何惧敲门鬼，临月犹怜捣药声。
笔墨飞无文胆缺，衣襟湿透夜霜盈。
千帆尽去余知己，莫问杯前第几更。

观鸟

贵妃醉卧似沙场，树下温柔渚外狂。
林鸟无忧双比翼，真情有隔几娇娘。
乱吾梦者瑶池女，接剑愁何后院霜。
着色功名皆去了，闹龙依旧匾中藏。

题徐兄霞山书屋“绮霞居”

吟风挹韵绮霞居，月魄凝幽拢玉庐。
墨始祁连文脉远，心从锦瑟雁声徐。
思民未忍今辞隐，治学难休再授渔。
四季窗催眸底事，尘寰已阅入诗书。

摇蒲扇

欲躲尘埃净晓昏，摇蒲扇者对西门。
几回燕返泥巢垒，依旧风来世事翻。
手急声悲从万剑，心高发乱曳孤魂。
久吟未忍临堤岸，古往东流恰恰烦。

锦瑟

锦瑟铮铮拂玉弦，巫山别后似三年。
欲分作爱眸中影，总对成双陌上鹃。
万里悲风擒曲意，几排鸿字渺云烟。
识君不负前生约，若问当时我亦然。

卷五 词曲

卜算子·旅人

望瑟瑟秋风，竟卷西帘烈。寒翅枯鸦竟夜长，暮雨寒山殁。　　雁字惹乡愁，暂去平桥越。障雪千山待客时，细数乡音啜。

卜算子·送行

剪下绿梢头，带与家乡友。屋后梅兰昨入梦，只问春来否。　　君去暖风轻，染遍村前柳。解我相思缕缕愁，却恋离行酒。

临江仙·寄语

朐山高望抛愁雁，连天暮霭相随。小城灯火唤秋帷。忍将红叶，托付与君飞。　　捎与塞外前生我，斜阳牧马堪陪。今生万里只魂归。血凝此物，能约再轮回。

临江仙·文成山间

闲散山人临水，稀疏南竹摇风。沉浮千古淡云中。向文成远遁，多少细苔功。　斟酒不如溪涧，寻娇莫过桥东。奈何鱼浅绿萍匆。明朝依旧过，应取一枫红。

临江仙慢·思友人

恍若腊梅远，夜澜脉脉，霜雪飘摇。晚来客、秋风瘦雨青桥。潇潇。玉箫吹彻，佳人舞，暗月妖娆。惊空梦，却恨仙娥浅，无处今宵。　香消。烟波故里，何日舟楫扶摇。共蜂腰、痴醉放任明朝。迢迢。故人离去，江山客，四海逍遥。何时聚，雁翅应飞远，轻问芭蕉。

鹊桥仙·七夕有感

一湖波碎，三山霄重，烟柳俗尘生痛。鹊桥栏倚断肠人，却只剩、晓风拨弄。　　松萝望月，莺娥弹桂，谁把织星相送？神仙须比我多情，七夕会、独消酒瓮。

喝火令·乌兰布统草原夜坐

劲草连无际，斜阳坠有垠。雁歌回荡暮烟陈。千万马蹄声急，眸底拭红尘。　　旧作寒风啸，今归薄雾匀。渐生霜发恨衣新。塞外多愁，塞外少行人，塞外月光刀厚，泪下溉青茵。

喝火令·行路

路转奇峰现，林深白雾消，别时鸣雀一肩遥。行者远山连翠，携曲向明朝。　　素衣枝头月，轻心水上桥，解开凉夜入今宵。手握风肌，手握雨丝绡，手握旅人荆杖。弄竹唱新谣。

风入松·行路

少年游历向天涯。青阙英姿。笑谈把酒江湖路，越千山、怒马鲜衣。尝看月盈还碎，漫经人聚还离。　　夏春秋去又冬归。卅载如飞。远峰横亘应如昨，问浮云、白发由谁？痛饮露浓花桂，再行步阔风雷。

浪淘沙·追月

一点远山晖，风薄云霏。悠悠夜步总难追。月里女官频送客，雾浅娥眉。　　梦醒最相思，窗冷纱帷。欲寻红袖旧时衣。流水不如还落叶，何忍盈亏。

浪淘沙·桃花

桃面醉花潮，春满枝条，东园洒遍再西桥。似是不知烦恼事，漫漫招摇。　　懒懒嗅渔樵，相问青苗，却怜知己路途遥。原只道红颜趣短，然也钻刁。

浪淘沙·孤雁

老翅向山峦，暂弃幽兰，千峰嶂影最无端。云雨巫山成过往，一念之间。　　日暮雨微酸，无限孤单，东西南北尽风寒。莫问此生归去处，碧海深澜。

江城子（双调）·行筏遇雨

醒来相问在何方，揽平江，醉湖光。浅筏深行，飘在水中央。绿藻纠缠青竹掠，人一对，影成双。

雨知心意点湖裳，洗苍茫，赠清凉。圈散徐来，魂已醉酥汤。欲借小荷枝上雀，衔晚幕，远幽芳。

江城子·桃花醉

踱来微步向天涯，点归鸦，晚云霞。岭上含烟，红韵笼丝纱。偷问春桃谋醉否？人约后，落平沙。

若君思取定情花，有新葩，嫩枝丫。绿水青瓶，心静胜繁华。却似曲终无觅处，如不见，小冤家！

江城子·恨别

夜来风雨又无眠，画屏前，瘦娥肩。遗恨当时，无绪枉随缘。妾自南来君自北，闲月老，为何牵？

别离郎锦又三年，小帆船，故山川。知否薄情，泪眼拭孤单。雁翅当年犹自负，轻远嶂，废团圆。

如梦令·枝条

花去枝条如昨，细雨慢催身弱。谁记过来人，偷取几多心魄？青雀，青雀，飞去别家稍落。

如梦令·花语

偷看游人三两，瞥见羽贼嗡响。甜蜜快深藏，花胖又来明抢。真痒，真痒，答应与君分享。

如梦令·雏鸟

结队东歪西倒，小雀欲回襁褓。能否待春风？枝畔羽翁烦恼。阿宝，阿宝，花下试飞刚好。

如梦令·独行

烟柳青丝黄雀，流水竹桥日落。春短过山阿，还未相迎成各。行乐，行乐，却对晚舟轮廓。

如梦令·雪

飘洒隆冬时候，脉脉故人依旧。无语又相逢，君共何人白首？消瘦，消瘦，聚散别离愁透。

青玉案·飞花去

心凉莫过飞花去，又嫁与、东风暮。独对寒窗清冷句。影斜萍碎，酒浓香惧，谁共今宵步。

恒娥不解人间故，却笑人间总离聚。一样空空风满树。桂枝如昨，月娥何处，同在天涯路。

青玉案·孤雁

清风松桂知音趣，但只剩、形单步。塞上牛羊相约苦。斜阳牧马、子孙成趣，怨誓言空去。

奈何桥畔如相遇，且把浮生换甘露。试问千山谁与渡？雪花寒翅，一声倾诉，醉了来时路。

青玉案·斜风

金光玉露星无数，隐月下、横烟渚。早有归翁添酒煮。一船清净，几杯闲绪，天地同相侣。

网中岁月消寒暑，岛外春秋胜戎旅。只道飘摇吾共汝。风吹浮草，水围低树，来醉幽凉处。

青玉案·对饮

凉风有信樽前酒，念去去、寒亭手。敬月年年催豆蔻，断肠生事，越桥穿柳，当尽杯中否？

书笺欲寄寻红袖，薄醉成思影如旧。饮者恒娥身各瘦，半壶情盛，一城宵透，还共浇温酎。

青玉案·日暮

相逢莫问归何处，万嶂里、云烟路。膝下旦无儿女步。早生华发，秋来春去，唯借西风度。

落霞红透忧轻暮，此恨何如莫相遇。试问君愁多几许？一壶秋色，满城绒雨，堪解红尘苦。

蝶恋花·春归处

陌上黄花心早许。问过行人，成了东风侣。瓣瓣香魂终不语，合春飞过唯平楚。　　吴越青山应盼汝。梅子西湖，温酒随烟渚。沧海云帆无影处，兰舟一叶携春去。

蝶恋花·钓叟

钓叟长杆撑日暮。且问斜阳，谁共天涯路？白发银髯谁与顾？胡笳声里瓜州渡。　　昨夜青云添病雨。犹恐孤帆，错把春风误。欲问平生何所附？湖光一片难相遇。

淡黄柳·元大都落花

元都遗址，如在相思雾。粉黛红英无计数。细细闻香顿悟，都是相知又相遇。　　暖风妒，轻吹旧人路。漫摇落、岸边树，粉烟湖、欲纳行人步。却有扁舟，钓花何故？言做今宵酒醋。

海棠春·元大都落花

游人难解飘零事，总道这、落红一地。信步暖风轻，逝去浑无意。　　淡花素有修云志，却只把、香添羽翅。赞誉满人间，不负来春季。

满庭芳·玉兰

河畔亭台，新茗轻沸，一壶装满春风。清凉国外，穿叶俏飞鸿。几缕浓香偶入，细闻处、非我茶功。踱微步，豁然满树，锦绣玉兰红。　　群花羞见此，娇娆姹紫，素手清瞳。又豪迈，昂头朵朵英雄。太阙谁家遗落，金铃若、只向苍穹。摘来做、凝杯魄盏，人醉似仙同。

钗头凤·清明酒

春风柳，桃花酒，水青山碧君来否？明月阁，羽飞雀。跳弦清歌，曲来如虐。略，略，略。

清明后，携云走，欲寻卿佩何时有？飞英落，雨丝掠，多少清凉，故人成各。错，错，错。

风入松·清明晚杏

一枝娇嫩水溪旁。摇落斜阳。晚来阵阵幽香远，任西风、却也无妨。只待杜康新酒，共君轻舞流觞。　　看清明燕雀飞翔。柳也茫茫。不知昨日填词客，到来无、快也梳妆。纤手漫摘明月，镜中夜子潇湘。

风入松·残雪

来时清净去迢迢。暗自融消。故人莫问身何处，短坡横、再过西桥。冰魄银花归去，孤坟万里魂招。　　一帘幽梦匆相邀。负了娥娇。青山绿水携游事，待来生、玉露琼瑶。命本是多情客，偏逢春雨漂漂。

风入松·大雪过无名英雄陵园

水寒冬厚裹丘梁。山冢苍茫。小虫已枕英雄骨，又飞来、百万冰凉。悲过往成豪迈，感当时射天狼。　　尽成无字草枯黄。倒也无妨。后人不用知兵卒，且云云、谁是新王。纸上薄名一笔，雪中迅兔三行。

归去来·赏桃花

桥畔微风相遇，闲步添春妒。寻暗香飘飘如雾。三枝粉、五枝素。重上繁花路。　君怜否、乱红无数。长亭放眼皆情趣。偷偷折、小桃树。

渔家傲·雪

遍洒竹桥身如素，世人不解飘飞趣，三尺严寒非我故。冰锋妒，丹心一片何相惧。　已是行来风满路，更添萧瑟离愁雾，且向千山追日暮。西峰树，此行过后难相遇。

渔家傲·雨

何处潇潇如故友？黄昏雨落阶前柳，幽怨秋风娇俏手，应知否？滴滴点点当如酒。　　千里烟波归去后，相逢也是空相负，洗尽红尘欢乐趣。难再有，奈何桥畔东流走。

渔家傲·送同学

犹忆同窗如手足，十年各自人生路，聚散望穿多是错。君莫苦，红尘乱世真无趣。　　本是青山银白鹭，如今振翅随心度，劝尽酒中欢乐赋。拨云雾，世间万事皆随遇。

一剪梅·闺怨

相忘江湖人未央。杯自消亡，酒自流殇。今年何处去年郎。霜在凄凉，雪在苍茫。　　幽梦依稀入画堂，卸我红妆，断我肝肠。此生容易各西东。风也张狂，雨也成汤。

一剪梅·月下

脉脉寒宫四处同。却似人间，南北西东。凌波江上影婆娑，醒了沉鱼，醉了蓑翁。　　夜半清辉惊落鸿，老翅无眠，静卧苍穹。明朝只影向深秋，催落梧桐，染遍山枫。

一剪梅·续梦

梦里乡关不忍停。一去江山，只此牵情。闻梅总忆旧时香，说与当年，换什功名。　　马踏霜浓胆气生。野骨时闻，紫剑悲鸣。拂襟原是岭中人，先饮兰台，再问长卿。

念奴娇·月下观梅

迎风沐雪，瘦骨凌西路，一枝无惧。月瑟瑟千回染遍，我辈素枝银树。纵使深冬，由来萧瑟，只教幽香驻。人寰青酒，引狂生醉无数。　　岁月几世繁华，情仇爱恨，花谢凌波步。若问明朝何处去，学蜡梅成尘趣。今夜寻香，醒来归去，化作寒宫兔。捣成良药，换人间万般苦。

霜天晓角·咏梅

娇娆香客。纤手融冰魄。踏遍深山无处。一枝月、平桥驿。　　脉脉。归去易。洗人前痕迹。只待知音与共，雪中醉、于阡陌。

西江月·夜行

暮雨寒山归去，一杯江月微浓。深秋过后匆相逢，凉透了难相送。　　入梦柳荫溪畔，随波流去无踪。何人与我待晨钟，只有凉风与共。

雨霖铃·听蝉

听蝉傍树。问君何故、夜夜倾诉？斜风细雨去处，孤身个影，嘶声如注。晓月弯钩日暮，断肠惹人驻。却道是、春去秋来，只等残身化尘土。何如路过无相遇。惹平生、爱恨千般苦。相逢注定离散，多少事、命中相误。老去连年，应悔当时，忍泪辜负。共羽客、今夜无眠，尽染千层雾。

贺新郎·明月

夜沐三千树，渡春秋、一枝一叶，旧时言语。曾记周郎调弦处，陌上黄花囹圄。人生事、命由谁主？爱恨情仇非所愿，解兰舟、痛楚真无数。功与罪，归尘土。　　永华兀自穿朱户，问记否、相约桥畔，驾云同去！抛洒生前庸人事，流水高山华宇。莫计较、乡关去处！自古诗人悲时运，更那堪、知己红颜女。长漫夜，听风雨。

虞美人·雪

飘摇一世无形了，人道残梅好。素衣曼舞对长空，洒落红尘无语染江枫。　　拥炉相偎人空待，世事繁华改。涂遍千山莫停留，恰似一帘幽梦上白头。

醉花阴·惜落花（植物园赏春）

脉脉粉颜山水透，煮碎相思豆。涂彩色人间，裁剪眉梢，不计风吹瘦。　　领来窈窕销魂手，洒玉兰枝厚。惹一季闲愁，换取人怜、片片凋零后。

水调歌头·残雪

寂寞西墙外，白絮邑城旁。叮咛言语犹在，空叹腊梅伤。又忆来时簌簌，遍洒竹桥南路，留一片茫茫。静待游魂过，入袖促人凉。　　戏千山，鸣暮鼓，满银妆。临风起舞妖俏，即刻向苍茫。数冷朧枝飒飒，弹指销魂夜远，烟渚费宫商。旧岁依稀在，不敢过西墙。

满庭芳·观月

晓月初升，玉盘萧瑟，暗怜催促秋霜。倚西楼畔，猜万户情长。且付箜篌阵阵，偷偷试、寸断肝肠。佳人许，拍栏凝立，恨月桂心伤。　　惶惶，花竟逝，年华似曲，寒翅苍茫。杖藜染新丝，无语西窗。白发还添病酒，增惆怅、思量高堂。庭花谢，蜡黄秋草，学黛玉消亡。

清平乐·深秋

揽佳人笑，风绣秋光好。桃鬓落英春去了，旧事坟前枯草。　　今宵听雨农家，明朝暮雨天涯。换了月华汀岸，归翅勿扰江花。

八声甘州·院梅

历春秋瘦骨倚墙东，无欲自清平。有寒宫青女，隔天相守，不悔平生。多少红尘掮客，名利误卿卿。我自孤山侧，傲骨斜横。　　高处虽无颜色，却霜风鼓瑟，昏晓长鸣。何患人不识，清者自留名。盼长空、仙云忽至，入世间、飞雪一千层。君休道、孤芳难赏，性本峥嵘。

八声甘州·道情

怨琵琶玉面紫罗衫，一心躲红尘。道年华稍逝，周郎曲慢，辜负佳人。几度空劳月影，绿蚁洗霜唇。如此萧萧夜，来数星辰。　　点点荧光明灭，感百千旧事，银剑挥频。叹痴情儿女，多少误今春。且轻呼、江山容易，只最难、谁个可栖身。巫山远、羡飞鸿也，早去衔云。

八声甘州·感竹韵情深并贺北方分会成立

忆湘江浩淼歇轻凫，楚天接星云。念师踪情脉，杏坛有梦，风月无痕。几度隔空唱和，抛玉缀红尘。掌大旌挥处，北客纷纷。　　曾聚东瓯黑水，叹韶华易过，琴瑟难分。幸松边结社，桃李报三春。共挥毫、长河落日，试登楼、竹韵满乾坤。今朝事、酒中漫煮，说与来人。

沁园春·长沙

来访星城，岳麓山东，十里玉钩。望雄碑高卧，层林墨染，华灯银岸，浅月金秋。旧路依稀，英魂尚在，我辈男儿亦不休。当年事，挽中华民族，胜过千愁。　　鱼沉浪客归舟，问浩渺、功名总去留。叹少年风采，南文墨脉。戎兵铁胆，家国情仇。银汉恒陈，曾怜世否？尽作烟云万古悠。人何处，正湘江水远，橘子洲头。

沁园春·橘子洲

沉了鱼龙，渺去湘江，恒古斗牛。念大雕能射，银蛇谁舞；湘潭枕卧，横月稍留。故国堪怜，晨钟渐响，一代青年垒不周。思豪迈，向十方疆土，百万中流。　　峥嵘岁月成稠，晚唱里、渔人呼白鸥。数汉皇入阵，元君渐过；皱波随影，世事如钩。人道苍茫，生民难负。几度黄天轻相侯。烟波客，问英雄何在，橘子深秋。

鹧鸪天·剪愁

欲剪秋思皓首低，霜刀恰与鬓刀齐。月依萧瑟孤身畔，人在苍茫万嶂西。　　抛意马，叹云泥，几回圆缺冻乌啼。今消烦恼三千丈，可断轮回帐下迷？

鹧鸪天·相思

望断层云碧玉流，春风春雨下春楼。拂临花槛堪寻觅，洒遍人间莫去收。　　先浩渺，转温柔，身形到处是清幽。东湖汇我丝千尺，可载归来一叶舟？

鹧鸪天·思绪

梦里分明各已飞，当时故事转霏薇。许卿尘路两三次，转我愁肠百十回。　歌舞尽，碧桃累，几多言语待春归。春来也是无头绪，对望轻言是久违。

鹧鸪天·晚归

案罢归行入夜笼，知春路上树朦朦。照楼身影为灯火，拂我衣衫是晚风。　凉初透，步成空，两三转角怨西东。今宵就此临孤月，天上人怜地上鸿。

鹧鸪天·临月

月近窗山恐酒浇，分明旧事已全抛。年来有悔求灵兔，光似无常刮骨刀。　催白露，起金飚，卿踪无觅夜萧萧。几回临照成相识，欲觅心思万丈遥。

阮郎归·记大风中等公交车

衣飘发乱站前排，春风次第来。癫狂反复过廊台，随心乱入怀。　　吹思绪，卷尘埃，落红贴我腮。黄沙辣手眼微开，公交望里呆。

凤凰台上忆吹箫·元大都公园落花

樱老桃休，海棠教坠，香堤难挽残春。念此去、轻舟逝水，做个游人。记否初逢时候，莺阵阵、催入闺门。归来却、缓语漫言，同我将分。　　应吹离愁别雾，南北路，相忘尘世云云。便如是、青丝白絮，脉眼幽魂。一任浮生如梦，飘散后、几度氤氲。牵肠事，谁惜褪色罗裙。

凤凰台上忆吹箫·七夕望织星

天老心休，风稀玉坠，瑶池已度成昏。念旧岁、牵牛织锦，同笑清贫。记否相逢年月，桥鹊里、漫入仙门。千年久、两岸独处，郎又将分。　应怜琼花玉露，归去也，相忘情路纷纷。总无处、愁肠欲断，绛紫难焚。一任秋冬轮换，重聚后、再抚幽魂。伤人事，君在细数星辰。

水调歌头·潍县战役七十周年有感

马蹄声渐落，故国梦轻摇。碑铭犹在，七十年未忍吹箫。莫叹王权霸业，皆是民心覆水，无浪也滔滔。尝思驱鞑虏，不意弄文骚。　孙公语，家兵祸，魏王刀。黄天谁换，华夏垒土任天骄。执笔难知战火，牵马非关黎粟。可叹是童谣。万岁声中昨，今对石头凋。

水调歌头·端午出游

遁山消俗事，濯水美鱼形。端阳偷憩，无意天问只攀登。绿抹杨槐松柳，却累离家游子，俚曲和黄莺。身随白云渺，梦起紫烟轻。　　人间我，崖边路，谷中藤。相知道是，心各桀骜对零丁。几度枯荣往复，多少晓昏约束，依旧枕浮名。暂作蓑衣客，且待玉河星。

卜算子·待客不至

柳影弄荷风，望断船来堡。欸乃声遥拍案寻，恨上分萍鸟。　　花谢频相求，倩女来闻倒。两遍横斜梦蝶三，莫是随天老？

少年游慢·登沂山

寻凰临绝顶。玉阙含烟似醒。东庙幽林，西崖飞瀑，云霄请。言启松琴响，睐转禅花等。山接吾衿，两高揖礼相敬。　　复阅千重岭。昏晓沉浮谁证。岫愰归天，飘绵来袖，些微冷。难觅庄周蝶，漫学苏仙影。枕卧苍茫，红尘几枝酸杏。

极相思·思人

曳星划破长空。卿佩渺无穷。春秋柳色，笑吾影瘦，归卧谁同？　　水镜玉魄人鬟近，难掬握、泪眼蒙蒙。音容只在，眉间心上，百转肠中。

太常引·中秋赴月主客有答

秋来玉宇总多情。广阙逼寒城。奔月府中行。阅仙阁、羞居上京。　　“胡归禹舜，宁为蝼蚁。寸土胜飘零”。“有厦万金轻？下界是、何方寇名”？

卷　六
五言排律

中秋望月

圆轮流转又临城，脉脉还羞挂北京。
今始开窗伤九阙，只关饮酒对长鲸。
袖中折桂销魂手，天上穿肠捣药声。
玉兔宫前浑忘世，吴刚帐下似谈兵。
归兮一面牵怀久，去矣千年落斧轻。
欲弄云来遮北斗，又随影去入三更。
难休回忆音容美，不忍楼台逝水明。
岁岁仙娥应念旧，回回幽客枉添庚。
扶桥白发当知我，立水裙钗早识卿。
柳下西堤怜冷露，醉中回忆起华筝。
而今语止成孤客，几度愁兴数倦莺。
愿否银河萧瑟路，借予杯酒寂寥名。
无边夜色连牛斗，浅步银光踏落英。
深径直寻无了迹，天阶欲上几多情。
明年此处花开早，此夜栏头水落轻。
非是人间烟火渺，且看旷野四时盈。
平江依旧催潮起，万壑从来任岭横。
最是中秋分两地，不如满月再同行。

寄泓贤才弟

东莱文学府，雅士隐泓贤。
卅载合身静，春秋四书全。
常吟花下句，又作病归联。
赋接先秦胜，文羞晋宋巅。
怀盈惊世语，手撰陆离笺。
间引藏经妙，还沾古意玄。
虚无空壑谷，笔饱走龙涎。
雨露黄天布，桃枝四海传。
仲尼如鼻祖，儒子胜青莲。
曲水临登客，流觞乍结肩。
言称新友醉，墨洒古诗仙。
一语知行短，诚心解昧全。
烦忧真所共，诗韵写同年。
我读君高作，窗开雾隐川。
愁容何不展，孤影似难牵。
百样红尘苦，千般岁月缠。
繁华修饰处，落寞隐身边。
忽忆来时路，还同阅过篇。
飘零还飘落，相知竟相怜。
引做子期醉，休为焦耳燃。
兄多盈岁半，弟欠一秋天。
皆要当珍重，焚香定有缘。

读书

薄夜凉如水，翻书日月司。
五言新宋曲，一卷旧唐诗。
词赋堪清烈，歌篇写陆离。
先秦悲壮胜，唐宋悯怜奇。
窗外群虫闹，茶前半蜡疲。
直寻诗句入，漫向史家移。
商隐浮萍似，心声辗转之。
五根弦拨处，卅载宦游时。
莫道孤坟远，谁怜冷雨迟。
绵愁修错落，细雨落参差。
怎弃幽凉境，胡寻慰暖芝。
悠然陶府柳，随意绿松姿。
太守登楼赋，诗仙白鹤辞。
乘舟人立影，倚岸水留思。
杖扶东坡路，人携望月枝。
扬州清梦故，晓岸酒杯持。
只做闻香客，何填奉旨词?
浣纱夷女袖，仗戟贱王丝。
弱女犹无已，男儿竟忘私。

三千轻越甲，四万重吴尸。
卧胆星燎火，含薪苦去饥。
不为阿满计，当做子龙师。
豪气云长去，忠心赤兔追。
东风瑜亮愿，赤壁孟德遗。
千古风流阵，三盘胜败棋。
几杯吴肃水，千载武侯祠。
射落雄雕箭，争来世子帷。
天骄凡俗命，蓬海道神医。
伏案浑无绪，翻书乱又疑。
文人骚客志，雪月院花私。
命运多浮舛，趋生总泰丕。
春来春自去，月盛月还衰。
犹念亲身弱，还将陋体卑。
华浓沾露锦，小月洗清肌。
每见纷争事，常怀善念慈。
茫然临院落，无意到楼危。
素有凌云志，盈怀耀祖期。
徐行温岁月，掩卷踱须弥。
卅载旋无我，余生再为谁？
生来山野骨，化作远乡皮。
黛玉携花葬，庄生入梦祠。
无资离父母，白手起疏篱。
本是清纯意，非为叛逆儿。

孤来孤往去，冷雨冷风欺。
零落非花物，成泥作树脂。
人生逢落日，明月隐晨曦。
学史辛酸鉴，为人苦辣知。
灰尘当拭去，心镜不相离。
莫待前朝女，空谈后主资。
重携三尺剑，去路远瑶池。

落叶有寄

树老黄衫着，风刀与客观。
凝来霜翠袖，结立一精寒。
漫语春秋事，浑尝太白丹。
枝繁星下尽，脉冗露中残。
渺渺云中望，纷纷界外叹。
千丝归旧主，三匝远枯冠。
散作花泥路，方登玉阙栏。
谁堪同舍去，唯有自相欢。
世事何须问，轮回次第看。
飞鸿衔落雪，旧梦过雕栏。
水割浮游碎，溪怀磬石磐。
明年寻故友，绿子慰山峦。
北塞埋香骨，长坡暖玉兰。
堪行怜惜久，痛饮用情漫。
我拾无书字，心参有墨澜。
临湖冬韵里，两处镜中安。

卷七
骈文

凤凰谷赋

西周始称骈邑，星驰流转。汉初设县临朐，春秋千年。孔孟治学，文史千载争贤。儒家传世，后人莫敢怠倦。上启渥恩，官民宇新建家园。恰逢盛世，人杰地灵耀族先。沂山镇于南邻，老龙盘于中湾，景色化人文而弥新。山旺接于东沿，石门立于北坊，牛斗照盛世而流丹。四景之中，众水之滨，胜地辛寨。领导班子有力，夺全国重点、省级中心、镇之楷模！合亲众友淳朴，展和谐团结、新型农村、国之生民。村乡之内，源水隔百步施巧。牧野之阔，奇景连幽山险岳。其有林曰凤凰谷数里绵延，此地摘省级森林公园桂冠。

嗟夫，登临览胜，托身躯叹奇功。方倾百里，赏旖旎冠苍穹。入山门，行幽路，经画亭，转葱茏。指点青山，鼓瑟放翁，迢迢横波，有日如彤。攒峰而潺缓，旷荡联延以来恭。山扃阔而谷深，引玉液浸润飞鸿。奇洞幽而禽鸣，期共携手而培风。古木秀而风飒，和生灵翩翩向荣。

迴眺冶源水库苍茫，灵川相侣。南接沂蒙绵绵生民，怀壁烟渚。大路盘桓南北驱弛，便利也。山肴野蕨怡人味觉，美食也。溶洞深秀松树崮险，奇景也。孔孟传承书画之乡，人文也。四时逶迤耕读樵乐，民风也。嗟夫，汇烟霞蔼蔼，集四海灵气，下银汉九天，染日月光辉，凤凰谷地也。

早春三月，杜鹃吐含曲路，丁香温润石屋，百花幽隐无数。盛夏徐来，山中鱼瞰鸟睨，煮水泉为茶清，引灵鸟以毕聚。秋实蔽野，锦鳞戏于溪涧，古木条畅洞达，夕阳下而弈局。隆冬幽远，雪压松柏梅竹，蹄浅迅腾野兔，千山漠泊闲绪。

少之童子无心而追蝶雀，家之高堂如醉而兴致隆。

四时之景各异而乐无穷，
春秋华木不同而共凉风。
上下幽路相携观变化中，
修心洗肺胜地凤凰长空。

识香之客，临川望舒。寻花娇女，百草情娱。摘星佳宾，卧夜放躯。饮露商鸟，华步如酥。纳山间潺潺溪，数古松过路蚁。览北坡桃杏喜，观溪旁连翘炽。冶雅兴文士，踟蹰山偶。修清心道友，幽洞仙姿。约天作佳偶，鹊桥逾此。神光离合飘忽，谷中悠然去处。心镜悠悠拂拭，泛舟细雨东湖。

有古槐千年，纳春秋。旁刺槐百载，承日月。子孙固无数，接雨露。众松柏岸然，书桀骜。此灵气集此，仰观止。石屋容于十人，中空物外，双柏仰飞左右，凤舞于凰。奇石逍遥幽径，待君别驾。

川后静波为湖，岭前清幽为路，耕民闲适鸣鼓，飞鸟吐气成雾。顾望怡情人微醉，足往神留。御舟而立鱼游适，不思相俟。

夫天地之间，朔野观鸟群飞。奇景怪石，融史记也自微。四时变化，引子詹离帐帷。正是

双柏郁乎苍苍，度春秋阅尽人世繁荣。

韶美仪凤于栖，展盛景播于华夏流芳。

恰逢百亩槐花节，盛世与美景并放。烟光凝耸翠，凤凰凫渚物华香。

文成集序

文成灵地，春秋伊始；秦设闽中，千载更移；明武有德，乃诰赐之。而来几千年矣。此地若何？遥指东海胜，接浩渺而引鲲鹏；背倚苍南幽，收云气而聚丹翎；山接雁荡奇，纳秀景而承福脉。恭民数十万，杰出如星汉伯温者乃三立人豪；域阔八百里，绵延似锦绣铜铃者实不胜美景。人文犹此怎不向往，竹林再聚恰当时光。应周公冬兴之彩笺，接吴先生瑾之云帖，虽越千里，但驾飞鹤，欲驰八骏，共叙心情。今时文交胜友，情达四海五湖。快事也。

北塞初冬，春秋已阅，露透寒衣，霜减游兴。转至此，些微凉，百花放，溪水暖，桃源也？天下之大而四时变幻，星分昼夜而起落有序，大江上下而分明如斯。探飞云湖三漈叹止，访铜铃山曲美天造。烟光含笑，迎牛斗下苍穹；翠岭幽回，挽湖光入重霄。江南尽美而输崇山俊阿之大气，江北刚健独缺楼台婉约之静怡。文成集四时天地之精而均美矣。其余胜景，多如星河矣。

夕阳渐落，沉人事于西南；眷鸟绕枝，鸣春秋作五音。众友贤集，感物华丰缺，叹人世多艰，书千秋文章，笑来日已待。丹崖衬以幽兰，君子交以知已。嗟乎！白驹过后剩芳庭，北斗起处饮甘泉。且邀玉娥，且唱大板，且呼渔火，且共长天。

微名海洋，潍坊寒士，劳于京都，奔于俗务。有怀济世功名无我，有志兴家命运多舛，今遇贤达可化关山，众友集会幸临吾身，愿拜师长，识挚友，恭学问，不枉矣。

嗟乎！风流常在，文章逸兴。聚虽须臾，情遍四海，饱学名士上座，群公大作倾来，谨恭引矣。

冰城集序

戊戌暮春，竹韵汉诗，三十六友，效古兰亭，雅集冰城。采撷冰花，棹舟轻飏，再设流觞。挥毫泼墨，织就雅韵。串珠成集，以飨世人。

冰城宝地，所历者何？开混沌于上古、接殷商之斗牛、孕金清两王朝、担华夏一国脉。而来万年矣。所处者何？遥接欧亚，东隘外番固国门；俊通伊春，北迎沃野广黎粟；胜临长吉，南逢荣郁扬璀璨；傲托关内，西引巨龙傲东海。人文者何？沣碧玉而民旺，孔墨书香景曜而光起；物华者何？蕴灵气于川泽，璀璨天宝丰睆而物列。

接张史雅文之飞笺，驾幽王八骏之飞乘，借燕园黄莺之羽袍，越千山而会盟。游盛景，伏尔加园巍峨阙立；参史迹，上京故地雄浑蔽月；行街头，兆麟长街雄魂旷世；指江东，三千故土竦立哀长；依苍岸，松花江烟斜迤逦；访萧红，才压椒兰华容气殊。北国暮春，柳吐青而幽风至；冰城野旷，岭含翠而层峦逸。嗟夫！赏一季逶迤而知四时变幻，掬一水之情而歌五湖沙鸥，促一膝之语而结子期至交。

夕阳渐落，沉人事于西南；眷鸟绕枝，纳春秋作五音。枕卧完达山颠，游星海而思贤达；睇睐青云万里，怀壮志而慰苍生。将军已去，英魄未远。完达山乳业，开行业先河，做历史丰碑。北大荒精神，立先辈遗志，为万民表率。嗟乎！后辈人杰，前赴后继。丹崖衬以幽兰，君子交以明心。此际雅集，且斜北斗、且满长觥、且共军川白、且唱大江东！

晚生海洋，无功名以济世，无殊才以惊人，乘漂泊之舟楫，入商海而逐流。然未泯舞墨之志、修身之想、济世之思。予尝求夫子教语，每必曰“熟读文章而后隐悟，诗外功夫而后下笔”。今遇明师，交众友，识贤达！正可临江置酒，浩浩乎长谈。嗟夫！江横万倾，潜蛟迎客。文章逸兴，诗冶云台；聚暮春之须臾，呷飞鸿之长鸣。诸公大作倾来，共记冰城雅事。不亦乐乎！

贺《浣月集——骈邑居士格律诗词选》诗词联

海洋拟出诗集嘱题聊赋为贺

董学增

骈邑诗才而立身，偶传章句已惊人。
秋蝉竹语寻常事，月韵鱼悲岂俗尘。
鹿柴循声思探雪，松壶酌味欲随春。
他年撷得青莲趣，梦笔宜生花更新。

注：秋蝉、竹语、鱼悲，皆海洋诗题。其曾有句：“循声登鹿柴，酌味觅松壶。”

海洋诗集待梓索句，因赋

邓世广

都是竹林麾下兵，浙南一醉践前盟。
非怜恭谨中兴颂，惟冀逡循直道行。
周雅格高须笃学，冯唐意冷不堪争。
词穷姑借前贤句，雏凤清于老凤声。

浣溪沙·贺小友周海洋《浣月集——骈邑居士格律诗词选》付梓

袁培根

骈邑青年作北漂，陶于诗海忑逍遥，琼林折桂诵离骚。　　玉节调琴追虎吼，金船代盏发龙浇。高山流水有知交。

速记刘基故里遇海洋

并贺《浣月集——骈邑居士格律诗词选》付梓

刘周晰

八千里路又如何，人在途中该放歌。
偷尔三天谈绿肺，感吾四载饮黄河。
汉樟佛相风霜逼，壶穴奇观岁月磨。
莫道后生皆可畏，还从彼岸拨烟波。

应齐鲁青年骈邑居士周诗人海洋诗集付梓邀作

郭星明

齐鲁高风动九州，丹心一片落燕幽。
他时回望泰山顶，别样峥嵘照海陬。

题周海洋《浣月集——骈邑居士格律诗词选》

胡文汉

海天空阔任遨游，踏遍千山舞且讴。
兴约东篱同把盏，浣花浣月醉方遒。

贺联

观山观海徐霞客
浣月浣花陆放翁

诗赠吟友周海洋（新韵）

郭顺敏

白云故里遣生涯，东镇潍莱一梦家。
因恐高寒春信晚，便留明月照梅花。

周海洋诗集读后

冯恩利

君眸过处尽诗行，纸上花开透异香。
渺渺风声唐宋曲，悠悠月影古今光。
春潮炼意词滋润，夏韵煽情句慨慷。
独爱清纯尘世外，满园秀色沐朝阳。

临江仙·贺骈邑居士诗词集付梓

莫凡

千里佳音传绣梓，凭君浣月裁诗。吟哦婉约句清奇。出新承古，玉韵酿骚词。　　丽水秀峰舒画卷，掬来入笔生姿。怡情墨海倩相期，且将豪气，一路驭风驰。

贺海洋《浣月集——骈邑居士格律诗词选》付梓（孤雁格）

陈静风

骈邑男儿志不群，井中焉肯逸才湮？
追风但挟云为侣，伏案每邀星作邻。
一片诗心长浣月，千寻梦景岂沾尘？
新书写满清泉意，更欲豪情向海呻！

欣闻海洋弟《浣月集——骈邑居士格律诗词选》出刊，拙笔贺之

边义

吟坛粉墨各登台，独有清馨香纸媒。
笔下风云诗正好，胸中沟壑树堪材。
推敲几字冰轮伴，酬酢三更酡面来。
玉芷汀兰增友色，邀游浣月不思回。

欣闻海洋弟《浣月集——骈邑居士格律诗词选》付梓，拙笔亦贺之

青峰逸士

早闻骈邑小诗仙，大作吟来果若然。
妙笔生花文照世，巧心设境意凌烟。
常忧国粹无人继，幸喜唐风有弟延。
缀玉新书今付梓，料擎骚雅一方天。

贺骈邑居士《浣月集——骈邑居士格律诗词选》付梓

曲水流觞诗刊编委会

临笺飞雁递长鸣，骚雅千言对诸兄。
骈邑同源情愫共，飘蓬异地锦弦生。
遥闻浣月风云变，已备流觞日夜更。
且待江回才子返，知交不负古今盟。

后记

吾素爱诗词，几近痴迷。每见景每有感必随手记之为诗，每日不辍，亦有一日数首者，文思多出而作品已多。随眼界与修习渐深，旧作整理后多不入眼，索性付予祝融。余下之陋简，因工作原因，一直无暇修改精磨，渐渐疏离。辗转漂泊之际，存稿亦失，不免有所遗憾。日近整理现存与最近诗稿又数百首，多数不登大雅，本无心结集，友人屡劝而最终收录此集待版，虽不成熟，但可作为诗词成长路上见证之用。吾喜清静，然投身商海，俗事应酬亦多。遂只得夜深人静时重归真我，常对月而立以洗心境，遂取此集为《浣月集》，浣心以月之意也。

吾后学末近，幸得宇内众师及高友不弃，同道之师、友无数，实幸事也。吾告之此集待梓，皆为相庆，题字贺诗众多，鼓励相惜之情，溢于言表，实感动涕零。然篇幅所限，此书仅收录展示众友贺诗十之二三，未录之作品情意已收，在此一一拜谢。

微身出于山野，流于四海。虽六亲无靠、白手起家，幸天生坚忍、百折不挠，于京中谋一商业以待时机而起。吾虽出身贫贱，然常怀日月之志，有陶朱之想，接济天下，此不足为语也。吾自幼酷爱文学，但未遇明师只得自悟而进，后有幸结识高贤，授之以法、明之以路，而渐觅得诗中真味。而此刻，在当今诗界，吾实为末学后进也。吾当事业与诗词爱好并行，俱得圆满之时，方不憾此生。

诗词小技耳，众皆可诵读，然作之者少，何也？未循门径也。作之而精品者少，未怀诗心也。当先具诗心，后循门路，入之门堂而渐起佳境。其包罗万象，可观发中青霜，可见九天浩渺，无博闻之见识，实难驾驭。吾闻“朝闻道，夕死可也”，此后当更加恭谨学习，力求再进。

戊戌岁夏月于京

骈邑居士